城市印迹

湖北工建70年建设实践及其对地区的影响

徐利权 高亦卓 谭刚毅 著

丛书主编 谭刚毅 郭迪明

湖北省工业建筑集团有限公司企业史丛书

华中科技大学出版社
http://www.hustp.com
中国·武汉

图书在版编目（CIP）数据

城市印迹：湖北工建 70 年建设实践及其对地区的影响/徐利权，高亦卓，谭刚毅著.
—武汉：华中科技大学出版社，2022.9
ISBN 978-7-5680-8616-5

Ⅰ.①城… Ⅱ.①徐… ②高… ③谭… Ⅲ.①工业建筑-建筑企业-概况-湖北 Ⅳ.① F426.9

中国版本图书馆 CIP 数据核字（2022）第 153576 号

城市印迹——
湖北工建 70 年建设实践及其对地区的影响　　　　　徐利权　高亦卓　谭刚毅　著
Chengshi Yinji——Hubei Gongjian 70-nian Jianshe Shijian ji Qi dui Diqu de Yingxiang

策划编辑：	易彩萍
责任编辑：	易彩萍
封面设计：	黄　潇
责任监印：	朱　玢
出版发行：	华中科技大学出版社（中国·武汉）　　电话：(027) 81321913
	武汉市东湖新技术开发区华工科技园　　邮编：430223
录　　排：	华中科技大学出版社美编室
印　　刷：	湖北金港彩印有限公司
开　　本：	710mm×1000mm　1/16
印　　张：	13.5
字　　数：	257 千字
版　　次：	2022 年 9 月第 1 版第 1 次印刷
定　　价：	98.00 元

本书若有印装质量问题，请向出版社营销中心调换
全国免费服务热线：400-6679-118　竭诚为您服务
版权所有　侵权必究

《湖北省工业建筑集团有限公司企业史丛书》
编委会

丛书主编：

谭刚毅　华中科技大学建筑与城市规划学院

郭迪明　湖北省工业建筑集团有限公司

编　委（按姓氏笔画排序）：

马小凤　方　卿　尹菁华　吕　珂　吕洁蕊

朱国强　向延昆　刘久明　李传宝　李保元

杨振华　耿旭初　徐　旭　徐利权　高亦卓

郭迪明　曹筱袤　谭刚毅　潘保山　魏　巍

前言

中华人民共和国成立以来，70余年筚路蓝缕、砥砺奋进。中国人民建设社会主义现代化强国不断取得成功，从根本上扭转了近代以来中国积贫积弱的命运。70年前的中国，一穷二白，面临的是一个落后的社会主义国家如何走向现代化的时代命题。如今的中国，高举中国特色社会主义伟大旗帜，探索出一条发展中国家走向现代化的光辉道路。中国由农业国转为现代工业国，城镇化水平更是从1949年的10.64%提升到2020年的63.89%，创造了举世瞩目的中国奇迹，成就了波澜壮阔的东方传奇。

本书通过考察一家建设企业70年的发展历程，从微观角度讨论中华人民共和国70年的城镇发展变迁。具体以参与十堰三线建设的"建工部102工程指挥部"（后改名为湖北省工业建筑集团有限公司，简称"湖北工建"）为对象，其前身可追溯到中华人民共和国成立之初国家布局在华北地区的一支建筑队伍——建工部华北包头工程总公司（时称"华建"，由中国人民解放军20兵团后勤部与中国人民解放军建筑工程第二师合并改组而来）。20世纪50年代初，两支部队建设队伍集结津门，20兵团后勤部在天津吸纳利群、四义、玉记等私人营造厂，组建公营"时代建筑公司"，这是中华人民共和国最早成立的公营建筑企业之一。从此工建人响应号召，为祖国建设与发展挥洒自己的青春与汗水，始终出现在国家最需要的地方。

70年来，工建人辗转各地深度参与城市建设，从20世纪50年代参与包头"156项工程"建设开始，短短数十年间奇迹般地建设成了国防、机械、电力、钢铁、化工、建材等工业基地，促进了包头城市规模的扩张与结构转型，并对城市社会、经济等各方面产生了深远影响。1969年，响应"好人好马上三线，备战备荒为人民"的号召，工建人转战湖北十堰，组建"102工程指挥部"，扎根在十堰这片荒芜的土地，成为十堰城市建设的"拓荒者"。工建人把厂房和楼房盖满各个山沟，连成一体，书写了该地区城乡建设的时代画卷，谱写了众多可歌可泣的故事。当年用血汗和智慧铸就的"攻坚克难，开拓进取，对党忠诚，为国奉献"的"102精神"，至今依然激励工建人开拓前行，不断取得一项又一项骄人业绩。从1976年的7·28唐山地震灾后重建到2008年的5·12汶川地震灾后重建，再到2020年的武汉方舱医院建设，工建人总是勇当抗震救灾的"排头兵"。在扎根国内的同时，工建人积极投身海外建设，响应"一带一路"倡议，为国家赢得良好的国际声誉。工建人时刻铭记作为国家建筑铁军的担当和责任，始终在困难面前不气馁，在挑战面前不服输，不畏发展瓶颈，勇于冲击技术高峰，为城乡建设做出了巨大贡献且仍在前行。

  湖北工建走过的70年风雨历程，是几代工建人艰苦创业、勇于创新精神的真实写照，更是共和国70余载众志成城、砥砺发展的个案缩影。从国外援助建立工业体系，到地缘政治变迁带来的全国工业布局调整，再到市场经济制度转变加速了人口与产业跨区域流动，央地关系（分税制）推动地方政府通过土地财政收入来实现快速发展（工业化到城镇化），从工业化建设到城镇化的转变带来了经济增长模式的变化。在这个过程中，类似湖北工建这样的国有企业，响应国家需求辗转各地，推动或影响了城镇的发展，伴随着企业的迁入、迁出给城镇带来（或带走）资金、技术、人才、文化等各方面的影响，重塑了地区格局，创造了一个又一个建设奇迹，共同绘制了今天美丽中国的画卷。

  时移世易，沧海桑田，当今世界格局正经历百年未有之大变局。走过70余年光辉岁月的中华人民共和国，将以更加从容的节奏阔步向前，以更加开放的胸怀拥抱世界，续写中华民族伟大复兴的光辉篇章。回首往昔，老一辈工建人靠着铁军精神改变了包头、十堰、襄阳等地城镇面貌。新时期，作为我国建筑国企的"弄潮儿"，湖北工建将以永不懈怠的精神状态和一往无前的奋斗姿态，扛起新担当、展现新作为、做好新答卷，继续打造建筑铁军品牌。本书从一个国有企业的发展考察窥探中华人民共和国70余年城乡建设的进程与路径，探寻其背后的中国特色社会主义道路与发展逻辑，有助于更深入理解中华人民共和国城乡建设所取得的发展成就。

引言

本书试图以案例研究的方式构建企业史与地方建设史和国家建设行业发展之间的关联。湖北工建人铸辉煌于历史，谱新篇于当代，谋发展于未来。湖北工建70年的企业变迁，从中华人民共和国前三十年深耕包头、十堰等地的"匠筑一城"到改革开放企业转型后的"布局多地"，积极响应时代号召，紧跟国家政策导向，做大、做强建筑主业，其企业史触及中国建造业各个重要发展阶段。

本书将湖北工建作为中国建造体系范式转型的个案代表，挖掘其丰富的历史内涵，并试图找出脉络性线索，总结历史经验，跟随湖北工建发展变迁的历程，一窥中国建造业的变迁历程。其中采取形态学、工业考古学与口述史等方法，从宏观的区域选址到微观的建造技术，从客观的物质环境到主观的集体记忆来描述这段规划建设史。具体包括宏观层面的区域选址与布局，中观层面的城市与厂矿形态，微观层面的建筑与建造技艺，通过从空间要素类型分析扩展到对"根植于中国近现代社会史，与意识形态、经济政策、政治运动和技术发展等诸多原因相互作用"的理解，进而窥探建造经历、文化精神、建设成就及其在新时期对地区发展的重要价值与启示意义。

70年来，湖北工建参建了诸多国家重点工程，并影响了相关城市的建设发展。如20世纪50年代北京十大建筑、包头工业基地（包头钢铁厂、内蒙古第一机械厂、内蒙古第二机械厂等）。1969年，工建人从包头等地移师湖北十堰，建设三线重点工程中国第二汽车制造厂（现东风汽车集团有限公司），历经十余年的建设，让一座汽车新城在鄂西北山坳中诞生，成为享誉世界的"车城"。改革开放以来，工建人从十堰移师襄阳，又从襄阳移师武汉，矢志为中华人民共和国建设做出最大贡献。与此同时，20世纪80年代中期，湖北工建积极走向海外，深入参与"一带一路"的建设，在全球20多个国家和地区承建了50多项工程，为湖北省外经事业发展做出了重要贡献。

湖北工建的企业发展触及中国建筑业发展与中华人民共和国城市建设的各个阶段，本书将其作为个案代表进行系统梳理，力求使之成为了解和研究中国建筑业发展与城市建设历程的一个范例。按照我国工业建造体系与历史发展相结合的方式,本书记录湖北工建"匠筑一城",深度参与建设的包头市、十堰市、襄阳市,以及改革开放后"布局多地"建设的国内外经典案例。本书共五章,具体内容组织如下。

第一章梳理中华人民共和国建筑业 70 年变迁历程,该历程与国家发展密切相关。基于"个人—企业—国家"提出本书的写作视角,从一个企业的 70 年变迁角度窥探与回顾中国建筑业的发展历程。

第二章聚焦华建时期,从部队转业开始,到参与"156 项工程"的建设,"华建人"在中华人民共和国建设初期,在包头乃至整个中国的北方留下了诸多印迹,完成了中华人民共和国成立初期国防工业城市建设的国家使命。

第三章聚焦三线建设时期,工建人从包头等地奔赴十堰,参与鄂西北三线建设,这一过程铭刻着该时期中国城乡发展的时代烙印。建筑工人把厂房和楼房盖满各个山沟,连"城"一体,为国防事业"艰苦奋斗、甘愿奉献",感召多少中华子弟,并对地方经济、社会、文化带来全面的影响,且持续至今。

第四章聚焦改革开放后的时期,伴随着一系列政策的调整,湖北工建走出十堰,来到襄阳,承建了二汽襄阳基地铸造三厂、轻型车厂、襄阳卧龙饭店、襄阳金城大厦、武汉中山大厦等大批工业与民用建筑工程。在建设城市的同时,建筑工人背后的家属、子弟也深刻影响着这座城。

第五章讲述了湖北工建始终坚持深耕省内市场,紧抓国内机会,拓展海外业务的发展理念,从"匠筑一城"到"布局多地"。20 世纪 90 年代至今,湖北工建紧紧扎根于湖北大地,深耕省内市场,在国家面临地震等灾害时勇于承担责任,争当救灾建设冲锋手;积极拓展海外业务,勇当"一带一路"倡议的先行者。

本书将企业的发展历程与国家建设紧密关联,将个人的人生轨迹与时代的发展旋律相互映衬,鲜活地再现了 70 年建筑业的辉煌历史与背后感人故事。本书附有大事年表、重要统计数据等相关附录作为补充。

目 录

第一章　建设企业 70 年变迁 / 001
 1.1　百废待兴，恢复建设 / 004
 1.2　独立自主，艰辛探索 / 005
 1.3　改革转型，走向市场 / 009
 1.4　拓展空间，迎接挑战 / 010

第二章　"156 项工程"与扎根包头 / 013
 2.1　"156 项工程"与华建 / 014
  2.1.1　"156 项工程"建设背景 / 014
  2.1.2　"156 项工程"在包头 / 015
  2.1.3　组建华建，建设包头 / 017
 2.2　华建在包头的建设实践 / 019
  2.2.1　以苏为师：规划布局与设计援助 / 020
  2.2.2　施工组织与建设 / 025
  2.2.3　典型建设工程 / 028
 2.3　华建对包头发展影响 / 045
  2.3.1　华建建筑铁军的精神影响 / 045
  2.3.2　对城市建设布局的影响 / 047
  2.3.3　对社会经济的影响 / 051
  2.3.4　持续建设的影响 / 054

第三章　三线建设与拓荒十堰 / 059
 3.1　三线建设与红色"102" / 060
  3.1.1　备战备荒的三线建设 / 060
  3.1.2　红色"102"的组建 / 062
 3.2　"102"在十堰建设实践 / 065
  3.2.1　自我探索：规划思路与总体布局 / 066
  3.2.2　建设成就：厂区形态与生活配套 / 074
  3.2.3　工地社会：施工组织与日常 / 080

3.3 "102"对十堰市发展的影响 / 088
　　3.3.1 对十堰城市空间结构的影响 / 088
　　3.3.2 对十堰经济社会发展的影响 / 091
　　3.3.3 对十堰配套设施的影响 / 094
3.4 小结 / 098

第四章　移师襄阳与改革转型 / 099
4.1 移师襄阳与一局襄阳基地建设 / 100
　　4.1.1 出花果,进白洋,支援404工程建设 / 100
　　4.1.2 移师襄阳,古城墙外建基地 / 101
4.2 湖北工建在襄阳市的建设实践 / 107
　　4.2.1 引进预制构件技术:预制构件厂 / 108
　　4.2.2 承接施工机械修理与制造:枣阳机械修配厂 / 111
　　4.2.3 助力汽车工业建设:建设铸造三厂及二汽襄阳基地建设 / 121
　　4.2.4 培养工业建设人才:湖北省工业建筑学校 / 130
4.3 湖北工建对襄阳城市发展的影响 / 133
　　4.3.1 对襄阳城市空间结构的影响 / 133
　　4.3.2 对襄阳经济产业发展的影响 / 141
　　4.3.3 对襄阳城市文化的影响 / 143

第五章　匠筑一城到布局多地 / 153
5.1 勇担抗震抗疫重任,争当救灾冲锋手 / 154
　　5.1.1 1976年7·28唐山地震抗震援建 / 154
　　5.1.2 2008年四川汶川抗震援建 / 155
　　5.1.3 2020年新型冠状病毒肺炎疫情防疫援建 / 156
5.2 深耕省内市场,打造时代经典 / 161
5.3 拓展海外业务,践行"一带一路"倡议 / 171
5.4 聚焦环境能源领域,塑造地区典范 / 177
5.5 回顾历史,展望未来 / 184

附录 / 185

参考文献 / 197

后记 / 201

第一章

建设企业
70年变迁

中华人民共和国成立以来，建筑业走过了不平凡的发展历程，取得了举世瞩目的辉煌成就。建筑业在不同时期承担着国家战略的实施工作，其发展历程是中华人民共和国崛起的辉煌画卷中浓墨重彩的篇章。湖北省工业建筑集团有限公司（后简称"湖北工建"）作为建工部（中华人民共和国建筑工程部，现为住房和城乡建设部）早期成立的建筑企业之一，伴随着共和国的成长历经了70个春秋，其创立、发展与所处时代背景和国家命运紧密相连。70年来，伴随中华人民共和国的建设步伐，湖北工建励精图治，奋发有为，建精品工程，筑民生福祉，不断彰显出新时代的新气象。企业全面融入国家和湖北省重大战略，正成为我国地方建筑国企改革的积极响应者，成为党和人民值得信赖的建筑铁军。

湖北工建的前身可追溯到公营"时代建筑公司"，作为中华人民共和国最早成立的公营建筑企业之一，历经70年的发展，在建制上合合分分，企业名称也发生了若干次变更（图1-1）。

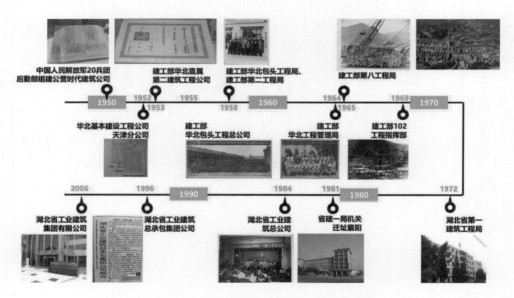

图1-1　湖北省工业建筑集团有限公司主要发展历程

（图片来源：高亦卓绘制）

1950年中国人民解放军20兵团后勤部建立公营时代建筑公司。

1952年公营时代建筑公司更名为华北基本建设工程公司天津分公司。

1952年中国人民解放军23兵团37军109师整编为中国人民解放军建筑工程第二师。

1953年华北基本建设工程公司更名为建工部华北直属第二建筑工程公司。

1955年华北直属第二建筑工程公司与建筑工程第二师合并，组建为建工部华北包头工程总公司（简称"华建"）。

1969年为支援中南三线建设，迁入湖北省十堰市，组建国家建工部102工程指挥部。

1972年改编为湖北省第一建筑工程局。

1984年更名为湖北省工业建筑总公司。

1996年更名为湖北省工业建筑总承包集团公司。

2006年改制重组为湖北省工业建筑集团有限公司，为湖北省人民政府出资的国有独资公司。

改革开放之后，特别是21世纪以来，湖北工建以转型升级为支撑，以六大板块为基石，以改革创新为动力，全面融入湖北省"建成支点、走在前列"发展战略，企业从"深耕一城"转向辐射全国乃至全球的"多城布局"。湖北工建除参与国内外城镇的工业与民用建筑工程建设外，还积极响应党和国家召唤，勇于担当社会责任：2008年湖北工建参与5·12汶川地震抗震救灾与灾后重建，对口建设汉源的样板房，树立起顽强拼搏、敢打必胜的铁军形象；2020年，参与火神山医院、雷神山医院、方舱医院等隔离点的建设；在脱贫攻坚战中，对口帮扶竹山县迎丰村，使得该村实现脱贫。湖北工建敢为人先，自20世纪80年代初，开始承接海外工程，近年来积极响应国家"一带一路"倡议，承建包括沙特水泥生产线项目、利比亚塔拉根2000套住宅项目、印尼巴淡电厂、伊拉克华事德电站一期工程、土耳其阿特拉斯伊斯肯德伦火电厂工程等海外工程，项目遍布东南亚、南亚、中东、北非、中非、南美等20多个国家和地区。

湖北工建作为一家与共和国同龄的建筑企业，见证了中华人民共和国70年的发展历程，也鲜活地展示了企业发展与国家同频共振的过程，能以小见大、管中窥豹，从企业维度探讨中华人民共和国成立后70年的城市建设史。

1.1 百废待兴，恢复建设

中华人民共和国成立之初，面临城市建设任务紧急而经济力量薄弱的矛盾，当时国内尚未形成全国建筑设计的政策方针。到1952年底，我国初步恢复了被长期战争和国民党反动统治严重破坏的国民经济，第一个五年计划开始实施。我国通过学习苏联的经验，在计划经济体制下，完成了国民经济的总体布局。在苏联建筑思想与建造技术的直接影响下，中国建筑业发生了巨大变化，伴随着"八大重点城市"建设，大规模工业建设在各地展开，建筑业在完成总体布局的基础上快速扩张，建筑产业和管理体制也在这一时期基本形成，这为后期中华人民共和国建筑业的稳定发展奠定了基础。1952年，毛主席与周总理签署命令，将中国人民解放军八个师转为中国人民解放军建筑师，投身国家建设，为建筑业的发展增加一支生力军，成为组建建筑工程部直属工程局的基础。同年，中央人民政府建筑工程部成立。

湖北工建的历史最早可以追溯至此。1950年4月，中国人民解放军20兵团后勤部，在天津召集"利群"和"四义"等私营营造厂的技术管理人员，组建公营"时代建筑公司"，并于1953年2月改为建筑工程部华北直属第二建筑工程公司；另外一支是中国人民解放军23兵团37军109师抗美援朝回国后，于1952年4月整编为中国人民解放军建筑工程第二师。1955年5月，建筑工程第二师成员集体转业，并与华北直属第二建筑工程公司合并，同时抽调其他力量组建为建筑工程部华北包头工程总公司，实现了企业的规模扩张，后改为建工部第八工程局。

1950年《中苏友好同盟互助条约》签订，实行"一边倒"政策、"全面向苏联学习"。在苏联的经济与技术援助下，围绕发展国民经济的第一个五年计划开展了大规模的经济建设。苏联专家同中国的设计人员合作，其基本任务是集中主要力量设计"156项工程"，主要集中在中国急需的国防、能源、原材料和机械加工等大型重工业项目建设上，建立我国社会主义工业化的初步基础。"一五"期间，我国不仅建立了较为完善的基础工业和国防工业体系框架，很大程度上改变了布局倚重沿海的状态，形成了一批新兴工业城市，同时也拉开了中国现代城市规划的序幕。

在苏联的影响与中华人民共和国建国初期高度集中的计划经济条件下，工业化成为社会主义经济发展的主要目标，我国借鉴苏联经验开展新工业城市的规划与建设工作。自"一五"计划起，大批沿海地区有经验的技术人员开始有组织地支援内地建设。新工业城市大都建立在经济落后区域，这些城市原有的工业和市政设施都相当落后，技术力量和干部力量匮乏，与繁重的工业建设和城市建设的任务极不匹配。在支援重点城市的建设中，数以万计的工人、干部和工程技术人员，响应国家号召，怀着建设新中国的满腔热情，积极奔赴经济落后、生活条件艰苦的内地，投身社会主义建设事业。

早期，根据国民经济恢复时期的建设需要，湖北工建前辈承建社会主义建设急需的部分国家重点项目，如我国第一汽车制造厂、第一重型机器厂、哈尔滨亚麻厂、齐齐哈尔机车车辆厂等"一五"计划的"156项工程"，共承建了16项，担当起了建筑国家队应有的社会职责。在企业创建初期，职工队伍曾接受过培训，技术力量和施工水平都有了很大的提高，充分体现了国家队的实力。作为建筑行业的一支劲旅，湖北工建一路走来，建设足迹遍及长城内外，以包头为中心，承建的工程分布整个华北和北方大部分省市。

1.2 独立自主，艰辛探索

1960年，苏联单方面撕毁合同，撤走在华专家并带走全部设计图纸和有关资料，导致当时本就紧张的建设资源进一步匮乏。在缺乏国外科学技术援助的背景下，这一时期的中国建筑行业开始走上独立自主、艰辛探索的发展阶段。"一五"计划后，政府在设计策略上也反映出了意图脱离照搬苏联模式的框架。困难时期，官方批评了建筑中的浪费现象，在建筑与建设领域"去斯大林化"，从"以苏联为师"的方针转变为"以苏联为鉴"。建设与规划从"西学东渐"以来的学习及零星实践，走向大规模实践应用，并开始了逐步本土化的过程。

该时期，一方面，国家投资的大幅度压缩导致建筑行业大规模压缩。1962年中央工作会议召开，总结了建设经验。建工部下达通知，全国勘察设计单位进行压缩精简，全民所有制职工人数由557.2万人减到193.3万人，其中，建筑工程部系统由146万人减为56.8万人，减少了89.2万人，将近三分之二。一些省市撤销了建筑工程局，并动员大批职工回乡务农，中国的社会主义建设事业遇到了巨大困难。另一方面，建筑业从中央工作会议（七千人大会）开始广泛总结"大跃进"的经验教训，逐步叫停集体企业盲目升级为国有企业的步伐，恢复集体所有制形式，并重新制定措施、组织力量，使生产关系进一步适应生产力。

该时期，美国在朝鲜战争失败后，又发动了越南战争，威胁到我国南疆安全，中印边境上，印度也频频蚕食我国领土，北方中苏边境的局势也很紧张。1964年4月，中国人民解放军总参谋部作战部提出了《关于国家经济建设如何防备敌人突然袭击的报告》，指出：① 工业过于集中，仅十四个一百万人口以上的大城市就集中了约百分之六十的主要民用机械工业，百分之五十的化学工业和百分之五十二的国防工业；② 大城市人口多，这些城市大部分都在沿海地区，易遭空袭；③ 主要铁路枢纽、桥梁和港口码头，一般多在大、中城市及其附近，易在敌人轰炸城市时一起遭到破坏；④ 所有水库，紧急泄水能力都很小，被破坏后将造成重大灾害。[①]

据此，党中央重新定位国家安全形势，作出"早打、大打、打核战争"的战略判断，一场轰轰烈烈的三线建设就此拉开帷幕。毛泽东对国际形势作出"世界大战不可避免"的估计，中共中央决定建设"三线战略大后方"。1964年9月21日，中央政治局委员、国务院副总理李富春在全国计划工作会议上正式宣布三线建设的目标和布局，最核心的一点是"在纵深地区，即在西南和西北地区（包括湘西、鄂西、豫西）建立一个比较完整的工业体系"，短期内在三线地区建设了大规模的工业和民用设施，将沿海的建设经验扩散到内地，使得工业建筑有了一个地域化的尝试（图1-2）。

图1-2　三线建设宣传海报与报刊

（图片来源：中国三线建设博物馆）

---

① 来源于《六十年代三线建设决策文献选载》。

1969年，根据国家三线建设布局，建工部所属各路建设大军云集十堰，承担起第二汽车制造厂（下文简称二汽）的建设任务。1969年5月，国家建工部第八工程局所属的八公司、一公司、第一安装公司、第一机械施工公司、第二机械修配厂、局科研所、局职工医院、局技术学校、各公司所属子弟学校等所属单位的万余名职工开赴湖北十堰，组建"102"工程指挥部，承担第二汽车制造厂、东风轮胎厂和新建城区民用建筑与市政项目基建任务。据不完全统计，1969—1981年的12年间，"102"工程指挥部建设完成二汽工业与民用建筑总面积达240多万平方米，完成施工产值11.3亿元。

组建"102工程指挥部"的施工队伍，主要来自四个方面：一是建筑工程部第八工程局系统；二是北京第三建筑公司、西郊构件厂、机械公司汽车一厂、工业安装公司一个工区、材料公司三站等；三是建工部第二土方石工程公司所属的21支队、22支队、31支队等单位；四是建工部第六工程局四处、机械施工总公司长春技校。

在管理与编制上，"102工程指挥部"人数达到4万人。"102工程指挥部"为地区级待遇，对其所属的施工队伍，按团、营、连编制，下设7个土建工程团、2个安装工程团、1个机运团、1个土石方团、1个机械修配厂、1个木材加工厂、1个构件厂、1个建筑科学研究所、1个职工医院以及1个材料供应处等17个二级单位，均为县团级。各工程团与二汽专业厂同步启用代号，如第一工程团称为五七一团，第四工程团称为五七四团等。指挥部及所属各单位在各级军代表的领导下进行工作。"102工程指挥部"革委会的办事机构，遵照一元化领导、密切联系群众和精简的原则，设立政工组、生产组、办事组、后勤组。工程指挥部对下属单位驻地按有利生产、方便工作的原则进行布局，并将二汽各个专业厂的施工任务分配到各单位。

这一时期，在社会主义计划体制下，政治作为决定因素，也直接影响着技术的应用与表现形式。1967年，二汽建设开工，随后由于"文化大革命"的影响，二汽建设未能大规模展开，仍处在"边设计、边施工"的准备阶段。到20世纪60年代末，即三线建设高潮时期，设计工作被提到革命觉悟的高度，一切国外先进的技术、施工程序、技术标准等，即所谓的"洋法"，都被认为是"走资的""修正主义的"。采用"土法"，即非正常的不合乎科学规律但是快速省时的方法，可以表现设计施工的革命性，与资本主义划清界限。原来红砖建造的房子全部推倒进行干打垒（即民间用"三合泥"做墙板建房），更有"枪毙红砖"的口号。对于合乎力学规律的"胖柱肥梁"，四重结构被强行改成四轻结构，即轻基础、轻质量、轻屋架、轻柱子和干打垒。

1970年,《湖北日报》发表"'102'在十堰推广'干打垒'建筑"的调查报告,建筑科学研究院于同年4月20日出版的《建筑技术情报》也刊出干打垒在工业厂房的试验报告,再次兴起"干打垒"风。在"反对修正主义"的口号下,无论是厂房还是宿舍,一切要用干打垒全面取代钢筋水泥,并以此作为革命化的标准(图1-3)。在三线建设的主战场上,为了"多快好省"地解决住房问题,各地都在大面积推广干打垒住宅。在二汽的建设工地上,从一层到多层,从职工宿舍到工业厂房,都在进行干打垒建设。干打垒宿舍楼冬暖夏凉,但是使用年限短、抗灾害能力差,不是长远之计,后来停建了。

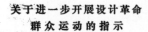

图 1-3　"关于进一步开展设计革命群众运动的指示"文件
(图片来源:湖北省档案馆)

这一时期,建设程序实行"四边原则",即"边设计、边施工、边安装、边生产",甚至简化到"穿鞋戴帽""穿裤衩"。只讲"四边原则"不讲程序是导致工程质量事故的主要原因之一。当时的"保质量、抢时间、抢工期,二汽早出车"是压倒一切的政治任务,所有的建设都围绕着这个目标要求进行。当时建厂为了赶时间,厂房建设实行"穿鞋戴帽"策略,即将厂房结构吊装好,盖上屋面板达到防雨不漏水的要求，地面至窗台处打上干打垒墙，基本封闭后就达到了使用要求。

根据形势变化，1972年底，国家基本建设委员会通知将原属北京第三建筑公司及其配属单位的施工队伍调遣回京。同时，湖北省革命委员会基本建设委员会决定，成立湖北省革命委员会基本建设委员会第一建筑工程局，1975年又改为湖北省第一建筑工程局。1976年7月28日，唐山发生大地震，一局第二建筑公司、第四建筑公司等奉命调往灾区担负重建家园的任务，1980年10月，这支队伍整建制组建为国家建工总局第六工程局（现为中建六局）。

1.3 改革转型，走向市场

1978年，十一届三中全会决定把党和国家的工作重心转移到社会主义经济建设上来，实行改革开放。1982年，中央根据国际形势的变化和国内实际情况，提出了"军民结合、平战结合、军品优先、以民养军"的战略转移方针，拉开了军转民、军工企业调迁和战转的序幕。1983年底，国务院把三线建设的调整改造摆上了议事日程，提出了"调整改造，发挥作用"的指导方针，并专门成立了"国务院三线建设调整改造规划办公室（国三办）"，后划归国家计划委员会（现国家发展和改革委员会）领导，改称"国家计委三线建设调整办公室（计三办）"。根据工作需要，湖北省也成立了"湖北省三线办"。三线调整改造时期，大部分三线企业都是在地改造，并在附近中小城市以及沿海开放地区开设自己的"窗口"，或者以技术输出为基础联合办厂，即横向联营。而对于"钻山太深、险情严重、生存困难"的"第三类企业"问题，则采取脱险调迁的办法，搬出大山。至此，伴随三线建设调迁与国家政策的变化，各大建设企业的工作中心重新回到城市。此时，开发区、工业园区及城市建设进入高速发展阶段，与此同时也拉开了我国建筑企业管理体制改革的序幕。

这一时期，中国建筑业在国家发展规划中被列为支柱性产业，建筑业改革大纲发布实施，企业承包经营制全面推行，极大地解放了生产力，建筑业发展迅猛。1979年8月，国务院批准了《关于基本建设投资试行贷款办法的报告》，在基本建设领域开始试行"拨改贷"，改变了以往政府财政无偿拨款的计划经济模式。1980年4月，国家正式提出赋予国有施工企业经营管理自主权，实行利润留成制度，给施工企业留有合理利润，经营责任制开始在国有施工企业中陆续推行。1983年，建筑企业开始实行"利改税"。同年2月，城乡建设环境保护部发布《建筑业改革大纲》，提出十个方面的改革举措，推行企业承包经营制。1984年9月，国务院颁发了《国务院关于改革建筑业和基本建设管理体制若干问题的暂行规定》，提出了16项重要改革举措，包括全面推进基本建设项目投资包干责任制，大力推行工程招标承包制，全面推行技术经济承包责任制等。随后，国家计划委员会等单位又相继颁发了一系列的规定和办法，标志着我国建筑业改革的全面启动和基本建设管理体制的重大转变。1985年，"项目法施工"开始在企业尝试和推广。1996年，建设部发布《工程勘察设计单位建立现代企业制度试点指导意见》，建筑业作为中国改革开放较早的行业，在新一轮改革中又一次被推到改革前沿，建筑企业的改革大戏再次精彩上演。2001年，出现了创新性的"法人管项目"的管理模式，这种模式主要体现为"三集中"，即"资金集中管理、大宗材料集中采购、劳务集中招标"，通过"三集中"管理，实现企业体系管理的精细化和法人管理的集权化与集约化。中国建筑行业提出的区域化经营、专业化发展、精细化管理、国际化协同的管理理念逐渐被行业内认可，成为许多优秀建筑企业运营管理的基本做法。

在经济改革、走向市场的背景下，湖北省第一建筑工程局第一建筑公司于1981年迁出十堰，入驻襄樊，先后承建了二汽襄阳基地铸造三厂、轻型车厂、襄阳卧龙饭店、襄阳金城大厦、武汉中山大厦等大批工业与民用建筑工程。经湖北省人民政府批准，湖北省第一建筑工程局重新组建了第二建筑工程公司。1984年，第一建筑工程局改名为湖北省工业建筑总公司，融入市场经济大潮。

1.4 拓展空间，迎接挑战

21世纪以来，在全球化、分权化、市场化的背景下，国内几乎所有的城市建设都以新城、新区规划建设为核心，通过空间拓展带动大都市区经济发展。至2011年，中国的城镇人口数达到了6.9亿，首次超过了农村人口数，城镇化率达到了52.27%，首次超过了50%，意味着我国的城镇化步入一个新的发展阶段。伴随着国家经济建设迎来全新时代，建设企业响应时代号召，慢慢从中小城市聚集到区域中心城市，以更好地满足地区建设需求。2002年，湖北工建总部迁往武汉，大部分分公司也相继迁入武汉，进一步拓展公司发展空间，从而正式扎根荆楚大地，完成了"匠筑一城"到"布局多地"的蜕变，取得了诸多成就。2006年底，改制重组为湖北省工业建筑集团有限公司，企业资产和实力进一步增强。2008年在承担5·12汶川地震灾区汉源活动板房施工和复合还建房施工中，充分展示了湖北工建人特别能战斗的光荣传统，圆满完成了援建任务。2010年，湖北工建生产经营形势继续回升，法人治理结构和运行机制在不断完善。企业发展速度快速提升，特别是通过集团重组、海外市场开拓等重要途径，相继在印尼、越南、新加坡、缅甸、沙特、伊拉克、土耳其、巴基斯坦、孟加拉国等国家成立海外分公司，形成了较为完善的海外市场网络，成为湖北省"走出去"的积极贡献者，充分释放了企业的潜能，展现了国有企业的担当。

2016年以来，湖北工建着力打造房屋建筑、基础设施、机电安装、投资金融、海外业务、建筑科技六大业务板块，均取得积极进展，集团长远发展格局已经奠定并不断得到巩固。从单一的施工建造商向建筑全产业链供应商、项目全价值链投资商、工程总承包服务商"三商合一"转型。同时，集团发出"传承102红色基因，激情再创业"动员令，在三年多的时间内，集团资质的资本大幅提升，取得了"双特三甲"（建筑工程施工总承包、市政公用工程施工总承包两个特级资质和建筑行业设计、市政行业设计、勘察设计等三个甲级）资质，积极响应国家"一带一路"倡议和"长江大保护"战略，市场区域覆盖全国三十多个省市区和海外二十多个国家或地区；生产能力稳步增强，驾驭大项目、超大项目的综合实力不断增强；超高层项目、城市综合体、新城运营不断实现新突破。大型工业项目的机电安装、吊装工艺等传统优势施工能力持续提升，钢结构工程吊装工艺从国内走向海外，得到了越南、印尼等海外业主一致好评。一个全新的集成化、国际化、专业化、信息化的现代建筑企业集团正在形成，且不断发展壮大。

第二章
"156项工程"与扎根包头

2.1 "156 项工程"与华建

2.1.1 "156 项工程"建设背景

中华人民共和国成立后,开始了社会主义建设的宏伟事业。为了尽快恢复经济建设,缩小与发达国家之间的差距,也为了巩固新生政权和保卫国家安全,中国与苏联结盟,实行"一边倒"的外交方针,采取了重工业优先发展的经济战略[1]。

1953 年开始,在苏联的经济和技术援助下,围绕国民经济第一个五年计划开展了大规模的经济建设,即"集中主要力量进行以苏联帮助我国设计的 156 个建设单位为中心的、由限额以上的 694 个建设单位组成的工业建设,建立我国的社会主义工业化的初步基础"。其目的在于通过"建立和扩建电力工业、煤矿工业和石油工业;建立和扩建现代化的钢铁工业、有色金属工业和基本化学工业;建立制造大型金属切削机床、发电设备、冶金设备、采矿设备和汽车、拖拉机、飞机的机器制造工业",从而"使我国能够在社会主义大工业的物资基础上改造我国国民经济的原来面貌"[2]。

1949 年 12 月,毛泽东首次率团访苏,同当时苏联最高领导人斯大林签署了一系列条约和协定,其中《关于苏联贷款给中华人民共和国的协定》约定苏联以年利 1% 的优惠条件向中国提供 3 亿美元的贷款。苏联用这笔贷款为中国提供了建设"156 项工程"首批 50 个大型工程项目的资金,这些项目包括煤炭、电力等能源项目,钢铁、有色金属、化工等基础工业项目以及国防工业项目。1953 年,周恩来、陈云、李富春等国家领导人与苏方进行反复协商后,中苏双方于 5 月 15 日签署《关于苏联政府援助中国政府发展中国国民经济的协定》,苏联在该协定中承诺在 1953—1959 年援助中国新建和改建 91 个工程项目,其中包括包头两座钢铁联合厂。在 1953—1959 年,以上两批共 141 个企业将分别开工。在该协定附件中还具体说明了建厂规模、厂址选择、建厂设计、设备提供等援

---

[1] 胡伟,陈竹.156 项工程:中国工业化的起点与当代启示[J].工业经济论坛,2018,5(3):23-37.

[2] 何一民,周明长.156 项工程与新中国工业城市发展(1949—1957 年)[J].当代中国史研究,2007,14(2):70-77.

建内容。1953 年 12 月 29 日，根据上述协定，中国重工业部及中国技术进口公司与苏联黑色冶金工业部及全苏进出口（技术出口）公司签署《包头钢铁公司设计工作合同书》①。根据当时预计，141 个企业建成后中国的工业生产能力将大大提高，到 1959 年，中国钢铁、煤炭、电力、石油等主要重工业产品，将可能等于苏联第一个五年计划时的水平，接近或超过 1937 年的水平。第三批项目在 1954 年 10 月确定，至此，苏联援华项目共计 156 项，通称 "156 项工程"。经过大量学者考证，"一五" 时期苏联援建的 156 项工程中存在合并、推迟和取消的状况，实际规划 154 项，进入实际施工的共 150 项②。1960 年 7 月后，苏联在不到两个月的时间内撤走全部在华专家，使得 "156 项工程" 进入自我探索阶段。

"156 项工程" 初步奠定了中国工业化的基础，在国民经济发展史上具有举足轻重的地位。1949 年毛泽东指出，社会主义城市应当是生产的城市，城市的中心任务是发展生产事业③。中华人民共和国成立初期，以 "156 项工程" 为中心的大型建设项目的启动，为国家工业科技进步、相关行业发展与新兴工业城市发展提供了强劲的动力，推动中国城市进入以重工业优先发展战略为导向的新阶段②。在这一时期，国家在东北、中部和西部地区布局大量军工企业，改善了旧时中国工业集中沿海布局的不合理状况，同时也改变了中国工业生产技术结构，促进了内地经济繁荣和城市发展。在 "为工业化、为生产、为劳动人民服务" 和 "重点建设，稳步前进" 的城建方针指导下，该时期全国的城建工作亦取得突出成就。北京、西安、上海、武汉等大批消费性城市逐步改建成生产性城市。旧工业城市得到根本性的改造，新工业城市从无到有建立起来。

2.1.2 "156 项工程" 在包头

按照 "一五" 计划，我国将新建 6 座城市，扩建 94 座城市，初步建成 8 大新兴工业区④。包头作为中华人民共和国成立初期国家确定的八大重点新工业城市之一，根据 "一五" 计划中 "在内地，重点以武钢为中心的华中工业基地和以包钢为中心的华北工业基地的建设" 的最高指示，三万多人从全国各地奔赴

---

① 邱成岭. 苏联援建包头钢铁基地史略 [D]. 呼和浩特：内蒙古大学，2004.
② 李彤. "一五" 时期 156 项工程研究现状与思考 [J]. 北京党史，2018（03）：47-53.
③ 毛泽东. 毛泽东选集（第四卷）[M]. 北京：人民出版社，1991.
④ 何一民，周明长. 156 项工程与新中国工业城市发展（1949—1957 年）[J]. 当代中国史研究，2007，14（2）：70-77.

塞外草原这座新兴的工业城市，为包头城市的建设与发展挥洒了自己青春热血（图2-1）。

图 2-1　青山区建设初期景象

（图片来源：《包头市青山区志》）

选择包头作为工业基地与距包头市区约150千米的白云鄂博地区密切相关。白云鄂博地区拥有全世界罕见的大型多金属矿山，蕴藏着占世界已探明总储量41%以上的稀土矿物及铁、铌、锰、磷、萤石等175种矿产资源，1927年由中国地质学家丁道衡探明发现。中华人民共和国建立后，中共中央和政务院财经委员会对开发白云鄂博的矿产资源给予极大关注。经过对其多次调查勘探，1953年，中央人民政府决定充分利用白云鄂博矿产资源，将包头发展为国家钢铁工业基地，包头被国家规划为"一五"计划重点建设城市之一，布局了由苏联援建的5项重工业项目（表2-1）：包头钢铁公司、包头第一热电厂、内蒙古第二机械制造厂（447厂，简称"二机厂"）、包头第二热电厂、内蒙古第一机械制造厂（617厂，简称"一机厂"）①。

表 2-1　包头在"一五"时期由苏联援建的五个重点项目

序号	企业名称	建设时间	初产规模
1	包头钢铁公司	1955—1959	生铁160吨，钢150吨
2	包头第一热电厂	1957—1960	6.2万千瓦
3	内蒙古第二机械制造厂（447厂）	1955—1959	高射炮、坦克炮
4	包头第二热电厂	1956—1958	5万千瓦
5	内蒙古第一机械制造厂（617厂）	1956—1958	中型主战坦克

---

① 刘艳红. 建国初期苏联专家援助包头建设研究（1954—1960）[D]. 呼和浩特：内蒙古大学，2016.

"一五"计划甫定,包头的 5 个项目亦随之启动,而包头市的规划编制工作则是在包头地区联合选厂工作过程中逐步推进的。从 1953 年开始对包钢进行厂址勘察选择,至 1960 年 5 项重点工程全部建成并投产,新建的青山区已经成为容纳十几万人的工业城区。该时期,为配合 5 项重点工程的建设,包头的地方工业也有了新的发展,钢铁工业、机械工业比翼双飞,有色金属、机械制造、煤炭、电力、建材、化工、电子、纺织等行业也得到了很大的发展。到 1960 年,包头工业企业数达到了 574 家,全市工业总产值猛增到 10.18 亿元,其中重工业 8.4 亿元,占 82.51%[①]。随着包头工业基地的建设和不断发展,吸引了大批的工人、劳动者来到这座新型工业化城市,一时间,包头的人口急剧增加,城市规模不断扩大,包头的城市化进程也向前迈进一步。

2.1.3 组建华建,建设包头

1950 年,为适应国民经济恢复时期基本建设的需要,中国人民解放军二十兵团司令员杨成武将军责成后勤部部长吴树声负责组建修建委员会,并决定吸收"利群""四义""玉记"等营造厂人员,成立天津公营时代建筑公司,这就是"湖北工建"最早的前身。1952 年 6 月,时任华北行政委员会建筑工程局局长的任朴斋决定,接收天津公营时代建筑公司并且把它变更为华北基本建设工程公司天津分公司。1953 年初,"华北基本建设工程公司天津分公司"改名为"建工部华北直属第二建筑工程公司"(图 2-2)。

1954 年,伴随着国家第一个五年计划的实施,包头工业基地建设达到了高潮,中央决定由华北直属第二建筑工程公司和中国人民解放军建筑工程第二师承担包头工业基地的建设任务[②]。由 23 兵团 37 军 109 师改编的身着军装的建筑工程第二师与华北直属第二建筑工程公司组成的建设大军共计 3 万多人陆续在天津火车站集结,千里奔赴塞外草原包头。1955 年 4 月下旬,根据毛主席和朱德副主席的转业命令,建筑二师正式宣布集体转业,同年 5 月 1 日,建工部华北包头工程总公司(时称华建)成立。

---

① 刘玥. 20 世纪 50—60 年代苏联援建内蒙古研究 [D]. 呼和浩特:内蒙古师范大学,2020.
② 中国人民解放军建筑二师,前身是中国人民志愿 23 兵团 37 军 109 师,抗美援朝回国后于 1952 年 4 月改编为中国人民解放军建筑二师。

第二章 "156 项工程"与扎根包头

图 2-2　建工部华北直属第二建筑工程公司经营证书

(图片来源：湖北工建提供)

华建参与了包头地区全部"156项工程"建设，包括内蒙古第一机械制造厂、内蒙古第二机械制造厂与包头第二热电厂全部的基建工程及包头钢铁公司和包头第一热电厂的部分基建工程。施工高潮时，建筑工地上投入了近4万建设大军。包头地处祖国北部，气候严寒、风沙肆虐，20世纪50年代初是一片荒原。自然环境恶劣，施工设备也十分简陋。初到包头的华建人连一台搅拌机都没有，运料则几乎全靠扁担、抬筐和土篮。职工生活十分艰苦，带家属的职工没有住房，只好自己动手搭设瓜棚居住。"远看像逃难的，近看像要饭的，仔细一看是华建的。"当时的民谣诉尽了老华建人生活的艰辛，隐藏其中的却是广大职工轰轰烈烈投身建设华北地区最大工业基地的革命热情。

1958年夏季，朱德来包头视察了国营617厂的建设工地，并为华建亲笔题词"多快好省地建设工厂"(图2-3)，使全体职工受到极大的鼓舞，迸发出极大的革命干劲。许多革新能手、劳动模范纷纷涌现，建设效率和建设热情进一步提高。周恩来总理于1959年参加包钢一号高炉投产庆祝活动(图2-4)，在华建二局四公司承建的第一工人文化宫召开了庆祝大会并作了重要讲话。他指出："在北方的草原上，我国能建起一个现代化的高炉，表明我们只要有艰苦奋斗的精神，在任何地方、任何企业中的困难都是可以克服的。"同样，在祖国北方的荒原上能够建起一座华北最大的工业基地，离不开华建人艰苦奋斗、甘愿奉献的伟大精神。

图 2-3　1958 年朱德总司令视察内蒙古第一机械制造厂
（图片来源：湖北工建提供）

图 2-4　1959 年周恩来总理为包钢 1 号高炉出铁剪彩
（图片来源：湖北工建提供）

1954—1970 年，华建全体职工以主人翁的精神为祖国的建设事业做出了辉煌的业绩。他们以内蒙古包头为中心，足迹遍及东北的吉林、黑龙江，西北的宁夏，华北的山西、河北和首都北京，经历了北国冰天雪地的严寒和天昏地暗沙漠的袭击。1959 年 4 月，华建派出 160 名能工巧匠，到北京参加人民大会堂的建设。其中 80 人划归北京建设公司，担负人民大会堂西侧的墙体及各项装饰的施工，另 80 人划归上海建筑公司，担负内部墙体及装饰的施工和在各内厅地面上铺设人字形木地板的任务，并承担了宴会厅钢结构吊装任务。除了北京人民大会堂以外，华建还参加了长春一汽、富拉尔基第一重型机器厂、哈尔滨亚麻厂、齐齐哈尔机车车辆厂、大庆电厂、宁夏卓资山水泥厂、大同固阳国防工程等数不胜数的工程，为祖国北方地区的工业建设做出巨大贡献。

2.2　华建在包头的建设实践

20 世纪 50 年代，湖北工建前辈作为华建的骨干力量，承担了国家"一五"计划包头 5 项重点工程的施工任务。国家制定"一五"计划时，周恩来总理主张把包头确定为国家重点工业基地，把苏联援建的"156 项工程"项目中的 5 个项目（包头钢铁公司、包头第一热电厂、内蒙古第二机械制造厂、包头第二热电厂、内蒙古第一机械制造厂）安排在包头。华建不仅承担了以上 5 项重点工程的主要施工任务，还参加了包头市青山区变电站、408 厂（建华厂）、187 电厂、包头糖厂、包头铝厂、包头棉纺厂、包头第四医院、包头第一文化宫、包头四中等包头市市政民用工程的建设，并承担了包头、呼和浩特、乌海的部分市政公用、民用住宅及门类齐全的地方工业项目。

2.2.1 以苏为师：规划布局与设计援助

中华人民共和国成立之后，国家对工业化发展模式进行了探索，明确从农业向工业转变的建设方略，实施重工业优先的工业化战略。在中华人民共和国成立初期乃至此后相当长的一段时期内，我国社会发展、城市建设和城市规划的很多方面，紧紧围绕着社会主义工业化建设这一国家中心任务展开。1951年2月18日，在《中共中央政治局扩大会议决议要点》的党内通报中提出"在城市建设计划中，应贯彻为生产、为工人服务的观点"[①]；1954年6月，第一次全国城市建设会议进一步明确指出，"城市建设应为国家的社会主义工业化，为生产、为劳动人民服务"[②]，这成为中华人民共和国城市建设发展的基本方针。而"156项工程"的建设明确体现出重工业优先发展的指导思想。

"一五"建设时期是一个全面向苏联学习的时期，中国借鉴了苏联经济建设的技术资料经验：① 苏联现行的工业及其他人民经济部门的产品标准，即国家标准、全苏标准、暂行技术条件及各企业的制造规格；② 建设矿山、工厂、学校、医院及其他对象的若干种典型设计；③ 若干种工业及交通企业的技术操作规程；④ 若干种机器及电机的制造图纸；⑤ 各工业部门及基本建设中苏联及先进企业采用的设备利用、原料、材料、电力、燃料消耗的技术经济定额[③]。

在建设包头的过程中，苏联专家的影响与作用非常突出。1960年8月，因中苏关系交恶，苏联召回全部在华专家，在包头工作的苏联专家也全部撤离。从第一批苏联专家来包头到最后全部撤离期间，据相关资料统计，此间共有242位苏联专家直接来包头参与建设，民主德国、捷克、匈牙利的一些专家也曾来包头进行技术指导，这些专家包括冶金、机械、装配、电力、铸钢、冲模制造、综合经济利用等方面的许多种专业[④]，所有来包头援建的苏联专家中，聂哈罗舍

---

① 中共中央文献研究室. 建国以来重要文献选编（第二册）[M]. 北京：中央文献出版社，1992.

② 城市建设部办公厅. 城市建设文件汇编（1953—1958）[R]. 北京：[出版者不详]，1958.

③ 魏栋. 包头工业遗产保护与更新研究 [D]. 北京：中央美术学院，2018.

④ 刘艳红. 建国初期苏联专家援助包头建设研究（1954—1960）[D]. 呼和浩特：内蒙古大学，2016.

娃是在包头唯一的女专家①。包头聘请专家的企业除"156项工程"中的5个企业外，还有内蒙古化工厂、包头糖厂、包头皮革厂及负责包头城市规划的包头规划局和负责建设施工的建筑工程部华北包头工程总公司等单位。其中援建包头钢铁公司的苏联专家有130多人，援建内蒙古第一机械制造厂的有45人②。在此过程中，苏联专家主要负责选址、定点、设计、厂区工程建设及设备安装，并接受我方实习人员去苏联实习。

　　苏联有关城市规划的理论思想与实践模式成为这一时期我国各项行动的指南。相关资料显示，在我国城市规划建设有关制度设计、理论方法、程序内容和体制机制等诸多方面，苏联的经验及专家建议都发挥了重要的引导作用③。苏联专家对包头市规划工作的帮助，既有城市规划的基本依据和规划原则等指导思想的明确，也有城市规划的科学基础、标准定额、设计方法和成果规范等工作内容的指导，还有签订协议文件等制度建设方面的建议。包头的城市规划方案由苏联专家巴拉金亲自勾画草图，由我国的赵师愈、何瑞华、沈复云三位规划师主笔设计④。苏联专家在进行包头的城市用地布局指导设计时，以工厂之间的生产协作为重点，力求成组安排工厂建设地点，以便节约用地和方便生产，并选用规模定额指标，确定各类城市用地的规模，包括工业区用地、生活居住用地、市政施用地、工业配套服务用地四大用地安排。这一时期，由于国家"变消费城市为生产城市"的建设方针，工业建设在城市各项功能中居于十分突出的地位，主要围绕工业区建设其配套服务，进行工人居住区、仓库区、对外交通和预留用地等用地布局。在围绕工业区建设这一中心的同时，重点考虑与工业区的便捷联系和服务配合，以取得良好的协作关系。各类生活居住用地规模的确定，主要是在人口规模预测的基础上，选用一些具有"国家标准"性质的人均规划定额指标，具体计算较多参考苏联的《城市规划：技术经济指标及计算》一书并结合城市特点选用⑤。基于该规划理念，包头市在20世纪50年代就定下了"一个城市规划三大块，火车站建在荒郊，文化宫建在野外"的分散

---

　　① 乐拓，谢凡. 旧情难忘——陪同苏联专家参加内蒙古自治区成立10周年纪念活动回忆 [J]. 档案与社会，2007（2）：18-20.

　　② 《国营第617厂厂史》编写组. 国营第617厂厂史（1953—1985）[Z]. [出版者不详]，1988.

　　③ 李浩. 八大重点城市规划——新中国成立初期的城市规划历史研究（下卷）[M]. 北京：中国建筑工业出版社，2016.

　　④ 洪彬. 1955唤醒沉睡已久的包头（三）[N]. 包头日报，2019-08-12（006）.

　　⑤ 李浩. 八大重点城市规划——新中国成立初期的城市规划历史研究（上卷）[M]. 北京：中国建筑工业出版社，2016.

式布局形态，这与5项重点工程的厂区选址息息相关。包头市的城市规划将新建的工业区与旧城分离，新市区相对独立地分为西部以包头钢铁厂为主的昆都仑区和东北部"一机厂""二机厂"厂址所在的青山区两大板块，形成工业用地相对分离、生活区相向发展的城市形态（图2-5）。

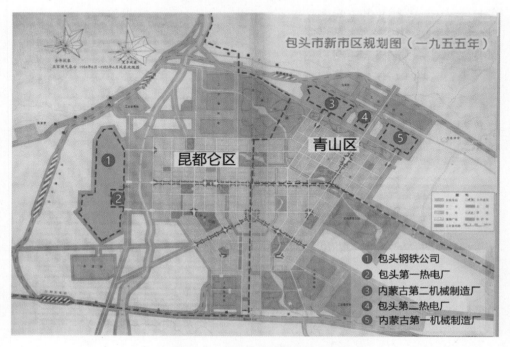

图2-5 包头"156项工程"分布图
（图片来源：耿旭初根据包头市新市区1955年规划图改绘）

内蒙古第一机械制造厂的设计，从规划轮廓到绘制施工蓝图都是由苏联十几个设计单位按正规程序进行的。苏联为该厂提供了成套的初步设计、技术设计和施工图。这一工作从1954年开始，1958年基本完成。在设计之前，内蒙古第一机械制造厂筹备组花了大量人力和物力向苏方准备了供厂址选择、编制设计任务书、初步设计、技术设计和施工详图所需的资料，诸如地形地貌、气象、水文地质、工程地质、交通运输、矿产资源、地方工业、给水排水、协作、动能供应、电讯、施工条件以及其他资料共196项，计72万余字。这些资料由我方译制好后，发到苏联相关的设计院，由他们整理设计。

建设过程中，华建先后聘有几位苏联专家，如米哈依洛夫、谢特金、保尔特和高尔巴可夫等①。1955年6—7月，米哈依洛夫和谢特金先后来到包头，到1956年6月，两位专家提出了200多条建议②。专家保尔特也提出数百条建议。为贯彻执行苏联专家的建议，华建先后下发了《关于执行苏联专家建议学习苏联先进经验的指示》③《贯彻苏联专家建议工作总结报告》④《贯彻专家建议的调查报告》⑤等，还把苏联专家谈话整理成文下发各员工学习（图2-6）。苏联专家为使我方在其走后能继续生产，尽心尽力培训我们的工作人员，并开办训练班教授理论知识。如在"一机厂"的女设计专家聂哈罗舍娃为使我方设计人员掌握冲模设计，在一年时间里，给他们讲课50多次⑥。

图2-6 苏联专家建议

（图片来源：湖北工建提供）

---

① 对于华建具体聘请的苏联专家人数和姓名，笔者并没有查到完整资料，只能从各类资料中整理出这四位。

② 华北包头工程总公司. 苏联专家在包头[Z]. [出版者不详]，1956.

③ 包头市档案馆，档号001-6-104，《关于执行苏联专家建议学习苏联先进经验的指示》，发布时间为1955年6月10日。

④ 包头市档案馆，档号001-6-104，《贯彻苏联专家建议工作总结报告》，发布时间为1955年9月22日。

⑤ 包头市档案馆，档号001-6-296，《贯彻专家建议的调查报告》，发布时间为1956年9月17日。

⑥ 郭守玉. 变迁——内蒙草原十三年[M]. 北京：中国文化出版社，2014.

受苏联规划设计理论与实践的影响,包头"一五"建设期间的相关实践,从工业建筑到民用建筑,都大量参照苏联规范。一些苏联版技术书籍、规范也在中国大量发行。如从苏联引进并翻译出版的《建筑法规》由苏联部长会议国家建设委员会制定(图2-7),该建筑法规从建筑材料、配件与结构到建筑工程施工和验收规则都进行了详细规定,对项目工程施工起到了关键作用。根据参与包头建设的郭守玉回忆,当时很多工程图纸都是使用苏联的全套图纸。"我负责管理的第一个工程为九〇二制氧车间。全套图纸为苏联供应,原图原文为列宁格勒设计院设计的二二二厂的全套施工图。苏联图纸不是蓝图,是棕红色的。按土建、结构、工艺、水、电等分别出图,装在特制的套盒内,犹如精装的图书,非常漂亮。我搞了一辈子施工,至退休也没有再见到这样美观详细的施工图①。"当时工作人员必须掌握俄语,才方便工作,为了提高工程技术人员的俄语水平,华建特办了俄语学习班,俄语教员为科研所情报室主任,曾任中国驻苏联大使馆翻译①。

图 2-7　苏联部长会议国家建设委员会制定的《建筑法规》(中译)
(图片来源:湖北工建提供)

---

① 郭守玉. 变迁——内蒙草原十三年[M]. 北京:中国文化出版社,2014.

2.2.2 施工组织与建设

华建在包头的建设首先是从青山区的"二机厂"和"一机厂"开始的,从1954年4月开始由23兵团109师改编的身着军装的建筑二师与华直二公司组成的建设大军共计3万多人陆续在天津火车站集结,千里奔赴塞外草原包头。这一时期的青山区一片荒凉,杂草野滩,野鼠、黄羊出没,没有水源,不见人烟。那里自然条件恶劣,几乎每天刮风,风起后满天昏黄。建设者们冒着零下20℃的严寒,一面自行打井,解决生活和生产用水,一面配合市政做好新市区通水、通电的准备工作。早晨战士们披着星光,带上干粮,乘运材料的汽车去新区盖房,晚上顶着月亮再回到旧区(东河区)。在施工中,工人主要依靠瓦刀、抹子、铁锹、扁担和抬筐,从事笨重的体力劳动,机械设备很少(图2-8)。而劳动保护用品只有套袖、垫肩、风镜、皮坎肩。劳动是艰苦的,而成果是喜人的。到1955年底,在这片荒无人烟的土地上,大片的建筑物拔地而起,完成了砖木结构的四层办公楼、三层宿舍楼、食堂、仓库、锅炉房等自身基建项目和赴包头后的首批工业建设项目——青山区变电站、宿舍楼、仓库和食堂等工程,总计建筑面积28000平方米,当年还降低了成本28万元,打响了开发建设包头的第一炮[1]。这一时期的工程建设多采取"先生活,后生产""先准备,后开工""先地下,后地上""先道路,后工程"等原则。内蒙古一机厂、二机厂的建设工程都是按照这种程序施工的。在政府的支持下,企业的全体人员可以将农村的妻儿接来包头,分配住房,转成城市户籍。随着职工家属迁至包头,企业办的小学、中学也应运而生[2]。参与建设者感慨道:"我到达包头后已有职工居住小区,有主干道,自来水厂、发电站也已投产。厂区围墙已完,地下管网及厂区道路均已完工。几个小车间已开工。主要车间均已按总平面定位。所谓'三通一平',即水通、电通、路通、场地平整的前期准备工作,也已全面完成。这是施工企业的大程序。"[2]充分的前期准备工作对于保质、保量地顺利完成正式工程的开工,起着决定性的作用。

苏联专家在包头的援建中,对华建的发展产生了很大的影响,专家提出的很多建议促进了华建在施工机械化、工厂化等方面的发展。在施工过程中,苏方设计监督代表始终坚持照图施工,坚持施工验收规范和严格的质量标准,对新技术、新结构坚持要经过试验,在成功后才投入生产使用。在华建建设

---

[1] 《内蒙古自治区第一建筑工程公司志》编委会. 内蒙古自治区第一建筑工程公司志(1950—1984)[Z]. [出版者不详], 1986.
[2] 郭守玉. 变迁——内蒙草原十三年[M]. 北京:中国文化出版社, 2014.

图 2-8 建设包头的劳动场景
（图片来源：湖北工建提供）

一机厂以及设备安装的过程中，苏联专家的建议对解决施工关键问题，保证工程质量等起了非常积极的作用。他们除对质量问题负责外，还特别注意新结构的施工操作技术，勇于尝试，提高工程质量，加快施工进度。如预应力组合屋面梁和托架梁，这项新技术当时在我国是首次采用，而苏联专家马斯列尼可夫和保尔特经验丰富（因苏联使用这种结构比较早），指导工人们对该结构进行尝试性使用。这项技术首先在一部分工厂的工地顺利试验成功，随即成批生产，保证了施工进度，同时也加快了两个车间和金属材料库等工程的施工速度。

苏联专家为了起到示范性作用，经常亲自操作机器，安装设备，以便于亲手教会工人新技术。如专家米哈依洛夫建议执行"里脚手"的操作方法，并详细讲解了它的操作方法。这种方法大大降低了工程成本，并且便于各工序穿插操作，缩短了工期，加快了工程速度，节省了劳力，发挥了机械效能，并保证了施工安全，提高了生产率，在工地上出现了施工的新景象①。在机械使用方面，第二工程处的塔式起重机，经专家谢特金建议后，从原来十几分钟才吊装一次缩短到五至八分钟一次，在数量上由原来每次仅吊砖 336 块增加到 448 块。1955 年，由于工人没经验，不会安装塔式起重机，谢特金就亲自指导安装，并提出具体安装路线和注意事项，发挥了机械施工的效能②。土建专家保尔特对预应力结构的生产问题、吊车梁的质量问题、推广新技术和地基中夹砂层的处理等方面都提出了许多宝贵意见，并且和高尔巴可夫专家以及一机厂的马斯列尼可夫专家一起对零下温度中地基的施工探讨方法给出建议③。1958 年，华建在二机厂施工，给 500 吨冷压机打基础时出现了故障。这台冷压机是专门制造坦克外壳的一次性冷压成型的大型设备，连苏联同类的工厂都没有安装过这么大的冷压设备。建工部第二工程局局长曼丘立刻提出了补救方案：在原基础的四周加了一个 2 米厚的钢筋混凝土外套。混凝土达到强度后，经仪器测试，震动为零，苏联专家伸出大拇指对曼局长说："你真是个红色的专家！"第二天包头市日报头条刊登了"红色专家曼丘"的事迹后，内蒙古自治区报和人民日报作了刊载报道。

得力于苏联专家的指导和帮助，华建逐渐学会成套设计，敢于进行大厂施工，在 20 世纪 50 年代后期的建筑构件制造上已广泛采用了空心楼板、密筋屋面板、槽型板、钢筋冷拉、冷轧、点焊、对焊、闪光焊等新技术。在建筑施工方面，工人学会了高压水暖设计施工，各种热通风、高温、高压钢炉处理以及污水站污水处理等先进技术，更学会了为加快建设速度而进行的工厂化、机械化、专业化与现场综合施工方法，以及各种节约水泥的先进经验④。华建于 1955 年创建的联合加工厂，位于青山区第二热电厂和一机厂、二机厂铁路专用线的北面，规模大约有 2 平方千米，建有三十几座大小厂房。五条两横三纵厂区马路中是 7 个行政车间：混凝土预制车间、钢筋加工车间、轨枕车间、木工车间、机电车间、铆焊车间、机械制造车间。联合加工厂还成立了汽车运输队、马车队、消防队、医务所、试验站、电话总机站、两个大型职工食堂、一个俱乐部、图书馆、一个厂区幼儿园、四个篮球场、一个小卖部、三个生活宿舍区和一个

---

① 包头市档案馆，档号 001-6-104，《贯彻苏联专家建议工作总结报告》，发布时间为 1955 年 9 月 22 日。

② 刘艳红. 建国初期苏联专家援助包头建设研究（1954—1960）[D]. 呼和浩特：内蒙古大学，2016.

③ 包头市档案馆，档号 001-6-436，《苏联专家谈话纪要》，发布时间为 1957 年。

④ 曼丘. 我们必须学习苏联 [C] // 内蒙古自治区中苏友好协会编. 中苏友谊在内蒙古：纪念十月革命四十周年征文集. [出版者不详]. 1959.

有六栋平房的厂部。联合加工厂机构合理，五脏俱全，其最大作用是服务、保障，最大贡献是进行技术更新和技术攻关，进一步提高了生产率。如工程技术人员在厂内率先研究的钢筋混凝土预应力张控法，既节约了材料，又保证了质量，还大大提高了功效。

2.2.3 典型建设工程

（一）"156项工程"

1. 内蒙古第一机械制造厂（617厂）

内蒙古第一机械制造厂是中华人民共和国成立后建成的一个综合型大型机械加工企业，以生产坦克及其配件为主。从20世纪50年代初期筹建，中间经过选厂勘探、初步设计、基建施工、设备安装调试、产品零部件试制等阶段的艰苦工作，到基本建成并大批投产，向部队提供第一批"五九式"坦克，前后总共用了7年时间。

工厂位于包头市青山区东北部，北靠大青山，南距黄河10千米，东与国营202厂（现中核北方核燃料元件有限公司）相距千米，西与包头市第二热电厂隔路为邻。三厂三点一线，东西横向排列。华建承担建设的施工面积约12万平方米，包括中心实验室、若干个生产车间和生活福利区。最大的车间面积达5万平方米（图2-9），为框架结构。生活福利区建筑包括办公楼、住宅、礼堂等，为砖混结构。厂房和生活福利区分别从1955年和1956年下半年开工，在"边基建，边安装，边试制"的建厂方针指导下，一机厂在筹备建设的同时，也抓紧进行着生产技术准备工作，图纸修改、机动设备安装调整、工艺装置的设计制造等工作也同时进行。到1958年初全部建成，历时3年。

内蒙古一机厂是苏联援建的"156项工程"之一，有产品设计、材料化验、工艺研究、性能试验、技术检定、行车测试等研究所，还有职工医院、卫生防疫、环境检测等卫生体系。工厂有矿山冶炼、钢铁铸造、轧压拉伸、金属加工、焊接熔铸、精密铸造、橡胶硫化、压力冲击、电解电镀、塑料制品加工、总装配等13个主要单位工程。这是兵器工业保军骨干企业，是国家唯一的主战坦克和8×8轮式步兵战车研制生产基地，也是内蒙古自治区最大的装备制造企业，是国家"大国工匠"的摇篮，是青山脚下的军工传奇，是这座城市的骄傲。

当年华建的建设者忍受塞外荒凉干燥、风沙弥漫、温差悬殊的气候，克服居住条件简陋、物资供应短缺等困难，以崇高的使命、筚路蓝缕的精神，用艰

图 2-9　内蒙古一机厂总装车间
（图片来源：《铁骑——厂庆三十周年纪念册（1954—1984）》）

苦卓绝的行动写下了建设史上光辉的一页。华建人在荒漠上踏勘厂址，在荒滩上披荆斩棘开创第一期土建工程，用汗水和心血浇灌这片新开拓的工地，为祖国的国防工程做出了贡献。由于617厂地处偏僻，加上坦克厂的保密要求，工厂初建时期艰苦创业的动人事迹很少报道，这些建设者都是默默无闻的无名英雄。

1958年，朱德元帅和彭德怀元帅分别视察该厂并接见建设单位和施工单位负责人，朱德亲笔题词"多快好省地建设工厂"，彭德怀元帅还与华建总工程师鲍文铭握手交谈，建厂的高质量、高速度得到元帅们的肯定，应该载入我国社会主义工业化的史册，建厂时期老一代职工所谱写的可歌可泣的战斗篇章将永远激励和鼓舞后来人，在今后的年代里奋勇前进，去开创新的局面，争取新的胜利。

2. 内蒙古第二机械制造厂（447厂）

内蒙古第二机械厂以生产高炮及其配件为主。二机厂与一机厂（主战坦克）共同坐落于包头市青山区大青山脚下，坐北朝南，一字排开。它以阴山山脉为依靠，与110国道贯通，紧贴铁路运输线。选址布局合理，道路系统规划主次分明，交通便利（图2-10）。工业区与居住区之间布置了卫生防护隔离林带，有效地保护了生活居住环境。华建承担了二机厂厂房与生活区基础设施的建设。

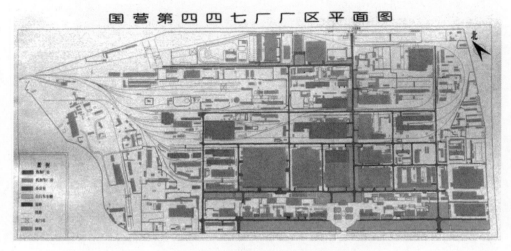

图2-10 二机厂厂区平面图

（图片来源：魏栋.包头工业遗产保护与更新研究［D］.北京：中央美术学院，2018.）

20世纪50年代，二机厂的首期工程由华建承建，截至1960年5月，厂区的107项主要工程相继完工，完成建筑面积28.22万平方米，安装设备5499台。湖北工建当年参加过二机厂施工的郭守玉在他所著的《变迁——内蒙草原十三年》书中回忆道："建设部于一九五九年春天，在包头召开全国快速施工现场会"，"二机厂902车间二十四米预应力架制作与张拉，成为包头首个选用后张法施工的典范；十八米跨钢屋架112榀的吊装是中国现代工程建造史上唯一的一次大型工业厂房快速机械吊装表演，可谓空前绝后。投入这场吊装表演赛的主力约五百多人，履带吊车十六台，汽车吊十六台，平板汽车五十多台"。这样的吊装规模是空前的。

1954年3月27日，国家计划委员会批准内蒙古二机厂设计计划任务书。1954年9月14日，厂区临时工程即公忽洞临时办公室和宿舍工程开工，建设简易砖木结构的平房8栋、食堂1间。1955年3月17日，国家基本建设委员会批准工厂改变原定厂址计划，批准工厂占地面积为141.1万平方米。1955年4月20日，工厂福利区B8、B20街坊楼房工程正式开工，1959年建成投产。

3. 包头钢铁厂

包头钢铁厂是中华人民共和国成立后最早建设的钢铁工业基地之一（图2-11）。包头钢铁厂于1954年开始建设，1959年投产，是抗美援朝胜利后，第一个五年计划的重点建设项目。1954年6月，中央财务委员会批准包头钢铁厂的厂址勘测报告。湖北工建的前辈们背着背包来到了人迹罕至的荒漠沙滩。当时的歌谣这样描绘道："一片荒草窝，人少兔子多；吃水摇辘轳，做饭砖支锅；刮风一身沙，下雨泥成河；耗子编队走，乌鸦来唱歌。"

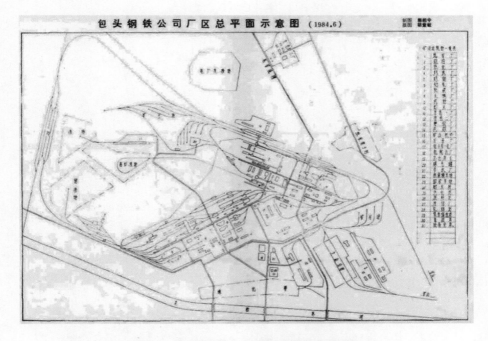

图2-11 包头钢铁厂20世纪80年代平面图
（图片来源：魏栋. 包头工业遗产保护与更新研究［D］. 北京：中央美术学院，2018.）

工建前辈们住在简陋的工棚和土坯垒起的"干打垒"低矮土房中，在荒漠沙滩上竖起了包头钢铁厂厂房（图2-12），成为当时中国三大钢铁工业基地之一（图2-13）。包头钢铁厂一号高炉是苏联设计的一座高度自动化的大型高炉，有效容积为1513立方米，设计年产量90万吨，工程量浩大。1958年4月8日开工，170多万立方米的土方工程，65天便宣告完工；基础工程要浇注1740立方米混凝土，分38层浇灌，只用了22.5个小时。

图 2-12 包头钢铁厂建设现场

(图片来源：湖北工建提供)

图 2-13 包头钢铁厂厂房施工情况

(图片来源：《建筑十年：中华人民共和国建国十周年纪念(1949—1959)》)

1959年10月,包头钢铁厂一号高炉投产,结束了内蒙古"手无寸铁"的历史,周恩来同志亲临包头钢铁厂为一号高炉出铁剪彩。伴随国家"一五"计划中钢铁、机械制造等重点项目的安家落户,塞外"水旱码头"包头开始有了新的代称——草原钢城。从此,以钢铁产业为主的包头重工业基地屹立于北疆。华建参与了包头钢铁厂的部分基建工程。从规划图上可看出包头钢铁厂厂区以棋盘式道路为主,结合铁路线组织各功能区之间的联系,内部预留大量的绿化用地,厂区周围设置防风林,铁路交通便捷,为日后城市高速发展提供了交通上的便利。

4. 包头第一热电厂

包头第一热电厂是专为包头钢铁厂提供能源的火力发电厂,并随同包头钢铁厂同步进行厂址选择,厂区位于包头市昆都仑区,与包头钢铁厂毗邻,包头第一热电厂与包头钢铁厂的建设和发展既同步又先行,既配合又牵制。包头第一热电厂西距包头钢铁厂高炉和高炉鼓风机站仅数十米,北邻包头钢铁厂供热厂、耐火厂,南望包头钢铁厂总厂,东为高压输电线通廊。设计原意有二:其一,包头第一热电厂最大限度地靠近包头钢铁厂高炉和鼓风机站,既节约建设投资,又减少供热损失;其二,包头第一热电厂与包头钢铁厂合用煤场、通讯总机、压缩空气、修配加工厂等。包头钢铁厂大型电力变压器可运到包头第一热电厂修理。由于建设的时间和进度不一致,隶属关系不同,管理上又有条块分割,按各自的指导思想行事,亦产生各自为其经济利益着想之举。上述项目共用不久便逐渐分开,自成体系。包头第一热电厂建筑面积达24400平方米,由华建施工,建设工期为14个月,于1959年竣工(图2-14)。主要建筑物包括47米高、建筑面积为7737平方米的框架结构主厂房,55米高的双曲线一号冷却塔(半径为22.5米,钢筋混凝土结构,建筑面积达2150平方米),85米高的烟囱(砖混结构),10千伏的送变电设施、主控室、泵房栈桥等项目。

5. 包头第二热电厂

包头第二热电厂是包头市青山区的第一个热电厂,也是华北地区第一座高温高压热电厂。作为内蒙古二机厂、内蒙古一机厂的配套工程,它承担着两个工厂的电力供应,约在1955年上半年投产。随着国家"一五"计划的实施,包头第二热电厂也由华建开始建设施工。1958年7月18日,包头第二热电厂建成正式发电,机械化、自动化程度在当时达到全国一流水平。

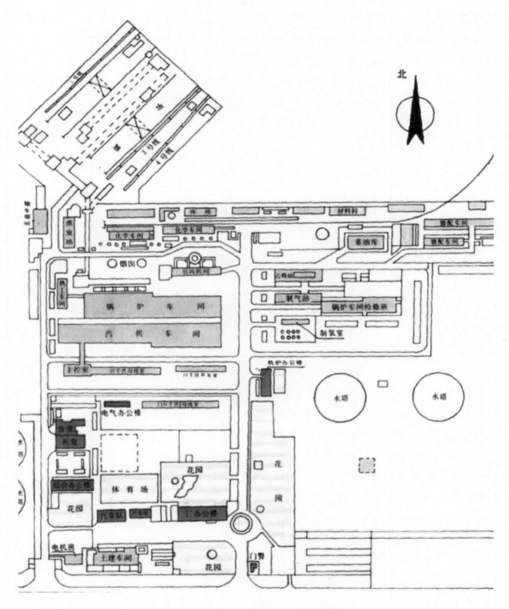

图 2-14 包头第一热电厂平面图
（图片来源：《包头第一热电厂志》）

第二热电厂位于包头市青山区北端,北约5千米处有大青山,西约6千米至昆都仑河支流,南距黄河20千米,东西紧邻一机厂和二机厂,占地总面积为71.31万平方米。1965年,华建承担该电厂维修、扩建的任务,其主要工程项目为35千伏、110千伏变电系统,支架基础及A型架预制、吊装、住宅楼、道路、主厂房屋面维修,及170万立方米除灰场修建以及双曲线冷却塔的施工(图2-15)[①]。

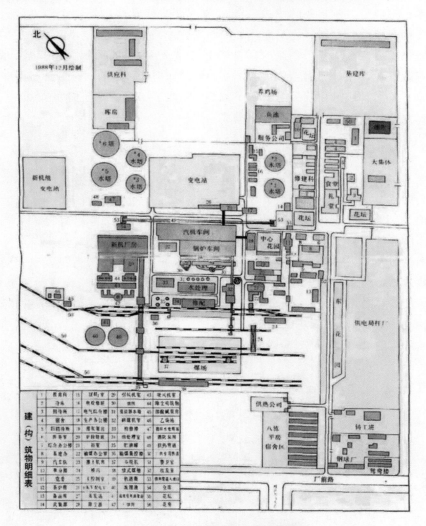

图2-15 包头第二热电厂平面图
(图片来源:《包头第二热电厂志》)

---

① 郭守玉.变迁——内蒙草原十三年[M].北京:中国文化出版社,2014:37.

（二）工业配套工程

1. 包头青山区变电站

1954年6月20日，中央决定中国人民解放军建筑二师和华北直属第二建筑公司等承担包头工业基地的建设任务，1954年华建承建的第一个工业建设项目是包头市青山区变电站（建筑面积28000平方米）。

当年，华建人顶着严寒来到"沙漠莽莽黄入天"的荒原，到达包头东河区后，立即搭起工棚，埋锅造饭并投入施工。当时包头没有一台搅拌机，华建人用扁担、土篮、铁锹和双手于1955年11月完成了四层砖木结构办公楼、三层宿舍楼、食堂、仓库和青山变电站的全部工程。

2. 包头棉纺厂

包头棉纺厂始建于1958年，建于包头青山区，占地面积为58.36万平方米，属于大型棉纺厂。经国家纺织工业部和国家计划经济委员会批准，1958年4月，包头棉纺厂筹备处成立。当年9月，厂区开始动工，第二年已经可以生产出少量的棉纱和棉布。

根据包头市工业发展的总体规划，棉纺厂选址钢铁大街东段，东邻劳动公园，西接城市商圈，北靠防护林带，位置优越。棉纺厂生产系统包括清洗车间、梳棉车间、并条车间、细纱车间、筒捻车间、准备车间、织布车间和整理车间8个车间（图2-16）。从棉花进厂到布料出厂，是流水线工作，工人最多时有1万多人。说起过去的辉煌，老职工们无不自豪：华建施工的包头棉纺厂工程体现了"三新三大"，即结构类型新、建筑材料新、施工技术新，构件预制面大、装备式程度大、机械化程度大。现在生产系统除印染厂漂染车间闲置保留外，其

图2-16 包头棉纺厂主厂房

（图片来源：《纺织总厂志（1958—1987）》）

他全部拆除重建为商业综合体和商业住宅，其生活区保留完整，包括住宅、俱乐部及学校等。

3. 包头糖厂

中华人民共和国成立后，为了缓解华北地区食用糖的短缺局面，中华人民共和国轻工业部根据国家工业的总体布局，决定在华北部分地区试种甜菜。1952年4月，国家决定在包头筹划建设一座大型糖厂，轻工业部着手勘察准备。包头糖厂是包头第一个大型企业，厂区南半部分为生产区，北半部分为生活区。生活区主要包括职工住宅、单身公寓、俱乐部、幼儿园、学校、医院和商店等。生产区主要包括制糖车间、动力车间、酒精车间、机修车间和办公建筑等。包头糖厂是从民主德国引进的设备和技术，其动力车间及制糖车间具有鲜明的包豪斯建筑风格特征，具有比较高的历史、技术及艺术价值（图2-17）。

图 2-17　建成投产时的包头糖厂
（图片来源：上图来自《内蒙古十二年建筑成就》，
下图来自《建筑十年：中华人民共和国建国十周年纪念（1949—1959）》）

4. 包头铝厂（原 303 厂）

包头铝厂始建于 1958 年，是中华人民共和国完全依靠自己力量自主设计、建成的第一家电解铝企业。1958 年 9 月 8 日，包头铝厂建设项目正式破土动工。华建人怀着建设发展祖国铝工业的赤诚和决心，在中国北疆的土地上掀起了轰轰烈烈的建设大潮。

据华建当年参加过铝厂建设的老同志回忆说：1958 年 12 月，从包头东站下车后，第一个感觉就是荒凉，周围全是沙土地，树木非常稀少。因为当时铝厂刚刚开始建设不久，国家经济条件也比较困难，那时候提倡的一句口号就是"先生产后生活"。当时食堂都是在铝厂路北临时搭了个大棚子，我们住在东河区的一个大院里，每天走路上班，来回要走好几个小时。"1959 年铝厂投产的时候，我们还是住的帐篷，连宿舍都没有。运输条件也很原始，铁路没有修通，都是工人们人拉肩扛，从原来的砖瓦厂扛着原料到铝厂，这个路程有两三公里吧。"就是在这样的条件下，第一代建设者顽强拼搏，攻坚克难，仅用了一年零三个月就完成了包头铝厂的基本建设并顺利通电投产。1959 年 12 月 18 日，包头铝厂投产出铝，成为中华人民共和国成立后完全依靠自己力量设计建设的第一座铝厂，生产出中华人民共和国完全依靠自己力量生产的第一块铝锭。

5. 包头第二化工厂

包头第二化工厂兴建于 1958 年，位于包头火车站南 3 千米处，南临黄河。原为建工部包头轻质材料厂，当时华建承担建设一机厂、二机厂的工业厂房和民用建筑任务，为解决建筑材料供不应求的问题，经上报国家建筑工程部批准，在包头建一个以生产硅酸盐砖及其他轻型墙体建材的工厂，定名为"包头轻质材料厂"，1979 年投产后更名为包头第二化工厂（图 2-18、图 2-19）[①]。

---

① 魏栋. 包头工业遗产保护与更新研究 [D]. 北京：中央美术学院，2018.

图 2-18　包头第二化工厂 7 号电石炉
（图片来源：《包头市第二化工厂厂志》）

图 2-19　包头第二化工厂溶解乙炔车间
（图片来源：《包头市第二化工厂厂志》）

（三）民用工程

1. 华建办公楼

1954 年 6 月，建筑二师六团在包头旧区（现东河区）南门外巴彦塔拉大街北侧建造起第一栋办公楼——1955 年华建总公司机关四层办公大楼（现为中国铁路呼和浩特局集团有限公司包头车务段办公楼）。1956 年，在呼得木林大街重建办公大楼，新办公大楼于 1957 年落成，1969 年，办公大楼前开辟了广场，耸立起毛泽东主席的全身塑像。办公楼历经半个多世纪的风雨沧桑，至今不失其庄重大气、宽敞明快的建筑艺术风格，整体环境保留完好（图 2-20）。公司办公大楼成为华建人记忆中的怀旧符号，也成为游走四方的华建人回访第二故乡的必到之处。办公楼前面为两栋"L"形三层楼，分别为总部的科研所与招待所。办公楼后面为精心设计的后花园，建有民族形式雕梁画柱的八角亭，成为包头一景。花园后面为总部大小食堂，汽车库居中，右侧为职工家属楼、锅炉房、托儿所、幼儿园等生活设施。华建办公楼自建成起就成为青山区标志性的建筑，也是包头"爱国主义教育基地"，至今仍矗立在青山区的中心地带。

2. 包头市第一工人文化宫

华建承建的包头市第一工人文化宫于 1956 年开工，1958 年投入使用。为砖木结构建筑，建筑面积达 1.92 万平方米，1997 年增建东西副楼。包头市第一工人文化宫是设施及功能齐全，集娱乐、食宿为一体的大型综合娱乐场所，参照北京工人俱乐部建造而成，是当时包头规模最大的影剧院，包头市总工会直属文化事业单位，是包头市政治文化活动中心，包头市的地标建筑之一。

图 2-20　上图为 1954 年建设的华建公司办公大楼，下图为 1956 年建设的办公大楼

（图片来源：湖北工建提供）

包头市第一工人文化宫，位于青山区呼得木林大街南端，基本处于青山区、东河区、昆都仑区三区的交界处。"一五"时期是国家的大规模建设时期，百废待兴、百业待举，一度出现了设计赶不上施工，施工赶不上建设需求的矛盾，由于设计力量不足，不得不采用旧图重复使用的办法来完成设计任务，包头第一文化宫就是模仿首都剧场，利用北京虎坊桥工人俱乐部的图纸，结合包头草原钢城的特点，由内蒙古建筑设计院设计，由华建五处施工。于 1956 年 4 月筹建，1958 年冬全部竣工，工程总投资为 115 万元。

在 1955 年的包头第一版城市总体规划中，第一工人文化宫是规划中最重要的公共设施，是包头市政治文化活动中心。它的位置被设计在了钢铁大街的东端与到东北郊工业区的呼得木林大街以及通向旧城区建设路的交汇点，成为建设新区的一个大三角地区。文化宫占地面积为 7952 平方米，建筑面积为

16045平方米，是集剧场、会堂、影院于一体的多功能文化活动场所（图2-21）。1958年投入使用后，包头的工人成为文艺的主体，而文化宫就是城市里最热闹、最吸引人的地方，是职工群众学习知识、培养才干、进行文化娱乐活动的学校与乐园。1959年10月16日上午9时，周恩来总理走进了第一工人文化宫，参加包头钢铁厂一号高炉出铁的庆祝大会。时光荏苒，岁月匆匆，包头第一工人俱乐部周围的面貌发生了翻天覆地的变化，建筑本体经历了翻新再修，以崭新的面貌面对新的时代，不能忘却的是这座60多岁的老建筑当年在包头市文化事业中起到的极为重要的作用①。

图2-21　包头第一工人文化宫（分别拍摄于1959年，2020年）

（图片来源：1959年照片由湖北工建提供；2020年照片为徐利权拍摄）

---

① 一起读书吧. 包头市第一工人文化宫的这些事儿你了解吗？[EB/OL].（2021-05-30）[2022-08-01］. https：//www.sohu.com/a/469459028_121123706.

3. 华建俱乐部

华建俱乐部是包头市较大型的职工文化娱乐场所，位于华建总公司机关大楼的北侧，华建人称之为包头的"百乐门"。当时包头市由于大型企业多，因此建有许多职工俱乐部，华建俱乐部是最早建成的一个。华建俱乐部于1956年完工，建筑面积为2203平方米。华建俱乐部由影剧院前厅、东厅及西厅组成（图2-22）。影剧院有一千多个座位，由舞台、音乐池、化妆间组成。它是集召开会议、放映电影、演出戏剧等功能于一体的综合性俱乐部。俱乐部定期举行各种文体娱乐活动，内容丰富多彩，极大地丰富了职工的精神生活。放映过的电影如《青春之歌》《护士日记》等至今留存于老华建人的记忆之中（图2-23）。诸多干部会议也均在此召开。中国京剧院的名角杜近芳、叶盛兰、袁世海曾在这里上演过《白毛女》。荀慧生京剧院曾上演过《红娘》、郭沫若的《蔡文姬》、吴祖光的《风雪夜归人》、曹禺的《日出》等许多名剧、名戏，许多文艺界名人都曾在这里亮相。

图 2-22　华建俱乐部
（图片来源：湖北工建提供）

图 2-23 《青春之歌》及《护士日记》电影海报

(图片来源：http://www.m1905.com/newgallery/hdpic/670128.shtml)

著名建筑学家梁思成先生就曾在这里做过报告。老华建人郭守玉先生记录了在华建俱乐部听建筑学家梁思成学术报告的往事。

1961年9月，在华建俱乐部，我们听了著名建筑学家梁思成的学术报告。那是我国最困难的时期，农民们都在挨饿，我们要强得多。在这种困难年代，已年过六十岁的专家，还全国各地跑，到包头来参观我们的建筑工地，为包头市建筑企业的领导及技术人员做学术报告，与会者无不感到荣幸。学术会由我局汪总工程师主持，与会者有千余人，整个俱乐部座无虚席，大都提前坐在自己的位子上。这次学术报告是提前发票的，我坐在十排以前。当汪总陪着梁先生走上讲台时，全场掌声不停。梁思成讲了三个大问题，我的笔记标记了要点。笔记本上还绘有草图，使我回忆起当时讲台上是有黑板的。他保持着在清华大学讲课的模式，在做学术报告时，边讲边画。只是教室太大，坐在后面的学生是看不到的，只能听了，我坐在前面能看到黑板上的画面。

梁教授讲了三个题目：关于城市规划；关于建筑设计；关于地方风格和民族传统。在讲述过程中，他对本俱乐部的设计进行了评价。我印象最深的是，他走下讲台，站在侧窗前，对窗子分三节，下端固定的尺寸，提出意见。他指出最下一格尺寸不合适，影响视线。对乐池的深度也提出看法，认为过深，影响指挥人员视线。在我的笔记本上，记了一句梁思成的名言："建筑艺术不在于装饰。"此话太深刻了。[1]

---

[1] 郭守玉. 变迁——内蒙草原十三年 [M]. 北京：中国文化出版社，2014.

4. 国营202厂生活区

国营202厂始创建于1958年，于2007年更名为中核北方核燃料元件有限公司，是我国核材料、核燃料元件研制和生产的重点军工企业。在那段激情燃烧的岁月，创业者们建造出共和国第一个完整的核燃料元件生产科研基地，建成了我国第一条铀化工生产线、金属钙生产线、核燃料元件生产线、锂同位素生产线，为我国"两弹一艇"的成功研制作出了重要贡献，为国防建设、核工业科技进步乃至核大国的崛起奠定了基础。

国营202厂生活区位于青山区东北角，作为后勤保障，为202厂的生产建设做出了贡献。如今，街区已经发展形成了包括住宅、招待所、俱乐部、商业服务等功能齐全、市政基础设施配套的综合型街区。规划设计合理、尺度适宜，建筑以坡屋顶为主，平面布局多为组团式。居民区的正中心是202俱乐部，它除了举办各类演出和文体活动外，还是202厂各种大型会议的举办场所（图2-24）。华建参与建设的202厂见证了包头市的发展，记载了几代包头人的集体精神与奋斗历程。

图 2-24　国营202厂生活区实景图

（图片来源：谭刚毅拍摄于2020年）

2.3 华建对包头发展影响

2.3.1 华建建筑铁军的精神影响

作为从部队转业的华建人,"百年大计,质量第一"是华建的口号,在质量互检中发现问题必须返工保证施工质量。一机厂、二机厂的宿舍楼和厂房历经几十年的风雨至今依然基础不下沉,墙面不裂缝,这便是例证。华建的每一处工程都要做到三满意:厂方满意,验收人员满意,自己满意。几十年来包头建设取得了辉煌成就,许多重点工程的建成都饱含着华建人的汗水结晶。1959 年,规模宏大的一机厂和二机厂先后投产,当年两厂生产的坦克和高射炮,组成雄壮的方队于国庆节在天安门广场接受毛泽东主席等党和国家领导人的检阅。包头钢铁厂(部分工程)、包头铝厂、包头第一热电厂、包头第二热电厂等是包头工业的基础,对钢城包头的生产发展起着决定性作用。包头棉纺厂、包头糖厂、包头化工厂等是包头轻化工业的重要组成部分,对人民的生产生活起重要作用。交付使用的学校、医院、剧院、住宅等,解决了人民物质、文化生活的需要。单位工程中的各厂房车间等,大多数是钢筋混凝土排架、框架结构的高层建筑或大面积的现浇混凝土,结构复杂,技术要求严格,施工难度大,施工中推广了新技术、新工艺,采用了新材料,圆满完成了各项施工任务(图 2-25)。

截至 1970 年,华建在包头已经完成施工建设的单位有 250 多个(图 2-26),完成建设、安装工作量金额达 50800 万元,交工面积达 305 万平方米[1]。这其中大多数工程工期短、质量好,并且出现不少的样板工程,为工业基地建设和包头地区经济发展做出了不可磨灭的贡献。这与华建建设大军灵魂深处一切行动听指挥,生活上不怕难的军人作风分不开。华建人描述包头自然环境常说的一句话是"一年只刮两次风,一次刮了六个月",华建人始终保持着一种革命英雄主义的乐观精神和旺盛的斗志。值得一提的是,工人们工作流动性大,尤其是土建工人,与家人离多聚少,他们经常去千里之外的工地上施工,一年半载回不了一次家。同时,尽管建筑工人们当时住在条件简陋的油毡顶子的土砖房里,但他们工作安心、专心,从不因生活条件艰苦或家室困难而拖项目的进度,被当地人称为"华建铁军",其精神风貌给包头市注入了部队的"红色基因",铁军形象也构成了城市的文化内涵。

---

[1] 华建伟业 [EB/OL].(2019-08-14)[2022-08-01]. https://v.youku.com/v_show/id_XNDMxNDE5MjE0OA==.html.

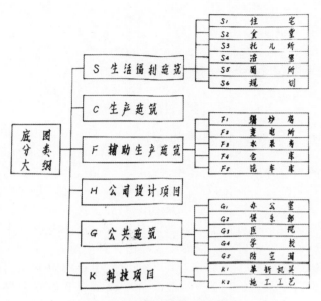

图 2-25 华建图纸建筑分类

(图片来源：内蒙古第三电力建设工程有限责任公司档案室)

图 2-26 华建部分包头市区工程分布

(图片来源：内蒙古第二建筑工程公司修志办公室．内蒙古第二建筑工程公司志（1950—1985）[M]．内部发行，1988．)

2.3.2 对城市建设布局的影响

包头市在"一五"时期特别是以"156项工程"为主的工业体系的建立,直接催生了1955年包头新市区的城市规划,并被列为重点建设的八大城市之一。这一时期的城市建设为包头市奠定的城市建设基础是显而易见的。伴随着重点工业项目的建设,包头开始同步编制城市规划,包头新城区的规划延续了苏联社会主义城市规划的理论思想。社会主义、共产主义成为工业文明的曙光,人类对自身改造社会能力的自信前所未有地高涨,创造的卫生、美丽、公平的理想城市模型不断涌现。从本质上讲,社会主义城市都是工业城市,或者简单地说就是一个大企业[①]。

第二次世界大战后,伴随着以工业为主导的大规模和快速城市化,苏联出现了各种类型的工业镇,为尽可能快速实现工业现代化,为社会化大生产提供高效率、低维护、稳定和忠诚的劳动力,这些工业镇不仅垄断了新市镇的经济活动,而且承担着社会责任:企业需要提供诸如住房、供暖、幼儿园、综合诊所、学校等其他各项社会产品,为居民劳动、休息和文化活动创造良好条件,充分体现对人的关怀。城市的作用是为了保障工业再生产的基本条件,用最低成本达到最高产出。工厂的性质和规模由上级计划决定,居住用地的选址要保证与工厂的有机联系,城市公共设施严格按照服务半径和对象范围分不同等级设置,工人俱乐部取代了教堂,托幼、食堂的设置是为了让妇女从家务劳动中解放出来参与社会大生产(图2-27)[②]。工人阶级从此彻底告别了家庭和享乐,全心全意投入生产中,过着"机器"般的生活。

包头新城区的规划在延续苏联社会主义工业城市建设模式的同时,也反映了社会主义落地到中华人民共和国后萌生的具有中国特色的城市意志和空间形态。以工业为基础发展的新市区和以商业为基础发展的老城区构成了包头市"一市两城、带状组团、干道连接、绿色相隔"的城市空间布局。这种布局模式也被称为"包头模式",城市肌理与空间格局一目了然。城市的总体布局、景观轮廓、建筑风格都展现了工业城市的风貌。建设空间布局合理,一城三点式的带状分布模式至今都没有发生根本性的变动。围绕大型工业项目,通过"企业办社会"模式,集中配套建设工人的生活服务设施,以更好地实现工业生产。

---

① CASTILLO G. Stalinist modern constructivism and the Soviet campany town [M]. Ithaca: Cornell Unviersity Press,2003.

② 侯丽. 社会主义、计划经济与现代主义城市乌托邦——对20世纪上半叶苏联的建筑与城市规划历史的反思[J]. 城市规划学刊,2008(1):102-110.

图 2-27 厂区保留俱乐部实景图

(图片来源:徐利权拍摄于 2020 年)

包头市新市区总体规划方案布局以大工业厂址为基本依据,铁路线和工业区环绕在城市外围,生活区域从工业区向城市中心延伸。向心集中的生活区和其中连成环线的景观公园体现出凝聚工人集体感的社会主义精神。按照规划要求,包头形成东南西北四大工业区(图 2-28):以包头钢铁厂为主的宋家壕工业区,以一机厂、二机厂和第二热电厂为主的东北工业区,以轻纺工业为主的东南工业区和火车站以南的化学工业区。

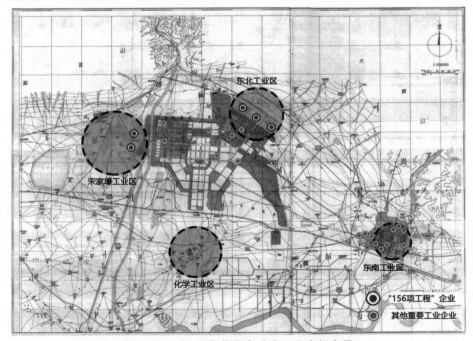

图 2-28 "一五"期间包头市工业空间布局

(图片来源:耿旭初根据 1959 年包头现状图改绘)

生活配套区域建设传承自苏联街坊的方格网肌理，体现社会主义集体的公平性。绿化系统考虑了工业布局，结合自然地形，采用点（公园）、线（林荫道及绿带）、面相结合的布局方式，对改变城市小气候以及美化城市都起了好作用。房屋建筑布局朝向和市区主干道系统以南北及东西向为主。城区干道中心骨架由多个道路坐标点决定，以正对包头钢铁厂中门的钢铁大街为城市的横轴线，以阿尔丁大街为城市纵轴线，呼得木林大街朝东北方向通向二机厂轴线，钢铁大街和呼得木林大街交汇点向东南与旧城相连接（图2-29）。当时包头钢铁厂的厂址规划平行于城区，城区有3条东西向的干道，在规划中对着包头钢铁厂的3个大门，但后来在建设中做了修改，城市横向3条干道没有正对包头钢铁厂大门，东北方向呼得木林大街的侧干道民主路和富强路与一机厂、二机厂的大门相对，以上道路形成包头新市区较完整的道路骨架系统，这一道路骨架系统延续至今。

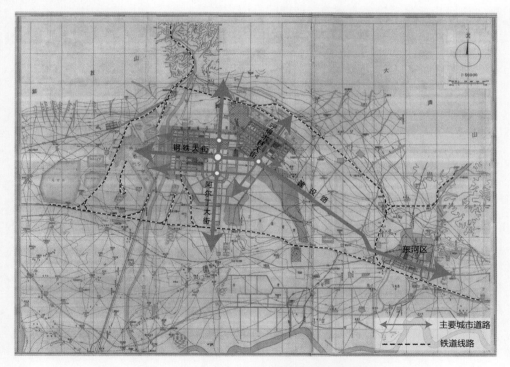

图2-29　"一五"时期包头城市结构轴线图
（图片来源：包头市档案馆，耿旭初根据1959年包头现状图绘制）

华建参与的包头居住区建设以大规模工业建设为先导，受到工业发展策略以及与之相应的"有利生产、方便生活"指导方针的影响和制约，住宅或临近工业区，或临近办公地点、生活服务设施，由国家统一规划并划拨土地和资金，以福利分房的形式分发，居住区建设总体上有均匀分布和统一供给的特征。街坊是当时组成包头城市住宅区的基本单位，也是工人阶级居住形式的代表。为解决支援包头建设的"移民工人"和国内外技术专家的居住问题，包头在新建的重工业厂区周边配套建设了大量的街坊式住区。街坊布置也受到了苏联的影响。街坊式住区在规划构图上以古典主义轴线对称为特点，呈现周边式、行列式、混合式等布局方式，体现社会主义倡导的团结平等观念。建筑沿街道布置，住宅既有南北走向，也有东西走向，服务性公共建筑布置在居住区的中心，表现出强烈的形式主义与秩序感[①]。在布置街坊时，"考虑为居民停放自行车的棚舍，考虑垃圾堆放处理的地方，考虑倾倒污水的地方，考虑晾晒衣服的场所，考虑居民活动的中间院落，考虑每户居民平时休息用和堆放燃料等用的单独庭院和生活杂院。"[②]

包头市昆都仑区钢铁大街32号街坊始建于1954年（图2-30），是国家"一五"期间建设包头钢铁厂的配套项目，也是苏联援建项目，占地10.87万平方米，建筑面积为11万平方米，现有原始居民楼25栋，住户1051户，常住居民有3437人。32号街坊居住人员当时以援建专家、学者、高级工程师为主。左权将军的夫人刘志兰同志在担任包头钢铁厂设计院党委书记期间就居住在该小区。包头钢铁厂的多任公司领导也曾在该小区居住过。在2016年7月，钢铁大街32号街坊被评为内蒙古自治区区级"历史文化街区"。

图2-30 包头钢铁大街32号街坊实景图

（图片来源：徐利权拍摄于2020年）

---

① 彭秀涛. 中国现代新兴工业城市规划的历史研究[D]. 武汉：武汉理工大学, 2006.
② 刘艳红. 建国初期苏联专家援助包头建设研究（1954—1960）[D]. 呼和浩特：内蒙古大学, 2016.

续图 2-30

2.3.3 对社会经济的影响

华建作为包头重工业基地成长的探路者、践行者与见证者，不仅为包头这座塞外钢城留下了丰厚的物质财富，也对社会经济等各项事业的发展产生了重要影响，其渗透到城市中的"铁军作风"更成为包头这座城市厚重的精神遗产。1949年，包头只有33.7万人，到1960年，包头人口增加到131万人。1949年包头只有6个公营小企业（发电厂、皮革厂、自来水厂、印刷厂、食品厂、酿造厂），从业职工294人[①]，到20世纪60年代，包头已有包头钢铁厂、一机厂、二机厂等工业企业和一大批配套企业。在这个过程中，华建完成施工建设的单位有250多个，大多数工程达到工期短、质量好的目标。当时流传着这么一句话："华建、华建！施工质量不用看！"意思是华建完成施工任务质量第一，可以成为信得过的单位。工人们骄傲地说，华建所承建的工程，基础不会下降，主体结构不会变形，墙体不会开裂，屋面不会漏雨。优良品占一半以上，并有不少的样板工程，为国民经济建设和少数民族地区的经济发展做出了不可磨灭的贡献。

---

① 包头市档案局的《包头大事记》。

在国家"一五"期间制定的"集中力量发展重工业，建立国家工业化的初步基础"目标下，包头成为国家重点工业基地，各行各业投入工业建设中。中共中央从原有工业基地动员工厂、车间迁移到包头，配合国家重点工程建设。到1958年底，大规模的城市工业建设使包头从原来工业基础较薄弱的轻工业城市，转变成为以机械、钢铁、电力、有色冶金、纺织为主导产业的新兴工业城市，为包头发展现代工业体系奠定了基础。在机械工业方面，1956年，为支援包头钢铁厂、一机厂、二机厂的建设，同时制造满足人民生活所需的机械产品，包头市汽车修配厂（今内燃机配件厂）、第二汽车修配厂（今汽车配制厂）等相继建成投产。先后从天津、北京迁来包头的通用机械厂（今包头阀门总厂）、包头电机厂、包头标准件厂、包头开关厂、包头绝缘材料厂等企业，使包头的机械制造能力快速增强。在冶金工业方面，包头钢铁厂在苏联冶金工厂设计院的援助下完成择址和勘测设计工作，1957年，内蒙古自治区政府为填补自治区钢铁生产的空白，在包头建设了东风钢铁厂。1958年，中共中央、国务院发布《关于大力发展铜、铝工业的指示》，但包头地区的有色金属矿产资源较少，以铜矿、金矿和铝矿为主，便建设了国营202厂、包头铜厂等5家有色金属冶炼企业。在稀土工业方面，1958年，包头钢铁厂在"以铁为主，综合利用"方针指导下兴建了包钢稀土一厂、包头选矿厂和包头火石厂等稀土矿石的生产基地，生产的混合稀土和打火石不仅满足国内市场需求，还出口到亚洲及非洲的多个国家。在电子电器工业方面，包头在1949年前是空白的，1958年初，包头市电机电器制造修配厂和电力修配厂合并成地方国营包头电机厂，同年东河区社会福利厂改造成为包头市蓄电池厂，到1960年底，包头建设了4个能够生产电机、变压器、蓄电池等产品的企业。在化学工业方面，1954年，包头市第一家化工企业包头市氧气厂配合包头钢铁厂的生产工艺建设开始动工，包头市的化学工业建设拉开序幕。1958年，包头地区第一座现代化大型焦化企业包钢焦化厂在苏联国立焦化设计院的设计指导下投入建设，同年，包头市又兴建了包头化工厂、包头轻质材料厂等化学工业企业[①]。

改革开放后，包头市以工业经济为龙头，初步建立了社会主义经济体系，社会生产力得到了较大的发展，经济发展突飞猛进，成为华北地区经济强市。此时包头工业开始进行大规模技术改造，工业产品产量随之大幅提升，蓬勃的工业经济推动了包头地区经济的发展。近年来，包头的城市发展正在由重化工战略向综合性战略转变。1952年，包头市生产总值只有0.75亿元，经过

---

① 左文韬. 包头市工业发展对城市形态的影响（1953—2016）[D]. 包头：内蒙古科技大学，2020.

几十年的建设，包头发生了翻天覆地的变化，昔日的边塞小镇成为我国北疆重要的重工业城市。1978年，全市生产总值达到9.5亿元。在经济总量不断扩张的同时，包头的经济结构也在持续优化，产业结构经历了由"一三二"到"三二一"的转变升级，包头也由工业之城向区域性中心城市转变。同时，产业内部结构的转型升级呈现多元发展、转型升级的良好态势。第一产业由昔日的"以农为主、以粮为纲"变为如今的"农林牧渔全面发展、农牧两业居于主导"；第二产业中工业仍居主导，门类体系日益完备，钢铁、铝业、装备制造、电力、稀土等特色产业发展壮大；第三产业中传统产业稳步发展，现代服务业增势良好。

随着工业项目建设的逐步落成，五湖四海的人们在包头生活、工作、学习。尽管大家在语言、饮食、生活方式上都有所不同，但包头以兼容并蓄、开放的胸怀接纳各地的文化，形成了独特的城市文化。在传媒不发达、媒介不多的年代里，人就是文化传播的唯一载体，"移民"也就成为文化传播的途径。当时包头的文化异彩纷呈，百花争艳。操着南腔北调的人汇聚包头，一起工作，同吃同住，在语言、文化、生活习惯等方面都有一定的交融。当时新城区的昆都仑区和青山区有很多东北人入驻，蒙古族人、包头本地人常年与东北人在一起生活工作，语言以及行为习惯潜移默化地受到了影响。青山区和昆都仑区融合了一些东北话，成为新的方言，这在今天的语言上仍有迹可循，如"旮旯""笤帚"等。现今，一些外来游客或商人听到的青山区和昆都仑区的普通话比较趋近于东北话就是这一原因。尽管文化具有强大的整合力，但移民自身的地域文化不会消失，他们仍旧秉承自己的习俗，按照自己的生活方式，说着自己的方言。不同的地域文化、语言文化使包头这个城市独具特色，也给包头这座城市打造了独一无二的城市形象、兼容并蓄的城市文化与包容尊重的城市礼仪。

作为内蒙古自治区最大的城市和工业中心，从阴山边地要塞到草原工业心脏，包头的城市发展史浓缩着无数建设者辗转的繁忙图景。以华建为代表的建设企业在这段艰苦岁月中为包头城市建设做出的贡献，已然成为这座城市的一部分，建筑工人吃苦耐劳、坚强乐观的品质，以及对这座城市强烈的归属感与认同感都与那段岁月密不可分。今天，当我们再次探访这座城市，可以见到周末的劳动公园里面人潮涌动，踢毽子、跳舞、独唱、朗诵，一个又一个的社团遍布公园角落（图2-31）。老年人吹拉弹唱，各怀绝技，从他们的脸上能感受到当年英姿飒爽、意气风发的模样。正是这种强烈的认同感与单位文化，让人明显感受到这座城市独特的个性与魅力。

图 2-31　包头劳动公园今日生活图景

（图片来源：徐利权拍摄于 2020 年）

2.3.4　持续建设的影响

华建的名称有过多次变动：1955 至 1970 年先后为建工部华北包头工程总公司建工部华北包头工程局、建工部第二工程局、建工部华北工程管理局、建工部第八工程局[①]。此外，1955 年 8 月以后，建筑工程部华北直属第三建筑工程公司（驻北京市）的三个工区及来自东北、西北的部分力量陆续也调遣至包头并入总公司。1964 年以后，伴随着我国经济建设的调整以及三线建设的战略部署，华建大军又开始南征北战，在祖国大地上留下他们响亮的名字。1969 年为建设第二汽车制造厂，华建又抽调部分队伍迁入湖北十堰，组建国家建委"102"工程指挥部，1972 年划归湖北省，改编为湖北省第一建工局，1984 年更名为湖北省工业建筑总公司，1996 年更名为湖北省工业建筑总承包集团公司，2006 年改制重组为湖北省工业建筑集团有限公司。这支远在湖北的队伍至今依然持续在包头及周边参与相关工业建设，如近年来参与了内蒙古华电大路煤矸热电厂、中铝华云新材料热电厂、蒙泰北骄热电厂、山西中煤平朔低热值煤热电新建项目等重要工程。

内蒙古包头铝业热电厂（图 2-32）工程的主厂房框架、主变防火墙、汽机基座、引风机支架、设备基础、0m 以上等外露混凝土要求做成清水混凝土结构。清水混凝土一次成型，不作任何外装饰，直接采用混凝土自然色作为饰色。并要求梁柱板表面平整光滑，线条规则分明，外观色泽一致；轴线体型尺寸准确；大截面、变截面结构线条规则，棱角分明；梁柱接头通顺，无明显槎痕；

---

① 包头文化在线．"内蒙华建史话"系列展即将开展［EB/OL］．（2017-10-12）［2022-08-01］．https://www.sohu.com/a/197665999_645125．

混凝土内实外光，消除蜂窝麻面及气泡；预埋件、预埋螺栓、套管表面平整，尺寸准确；对拉螺栓位置排列整齐，模板拼缝有规律或有明显分割；混凝土表面不应受损和污染。湖北工建施工队伍从钢筋工程、模版工程、预埋件工程、混凝土工程四个方面研究出清水混凝土施工工艺（图 2-33），最后圆满完成任务。

图 2-32　包头铝业热电厂大门

（图片来源：徐利权拍摄于 2020 年）

图 2-33　包头铝业热电厂水泥板产品

（图片来源：湖北工建提供）

华建留在包头的建筑队伍，先后为建工部二局三公司、建工部华北八公司、建工部八局八公司的一部分。1971年称内蒙古第二建筑工程公司，1992年11月，为加速内蒙古电力能源基地建设，内蒙古自治区政府决定公司隶属内蒙古电管局，称内蒙古第三电力建设工程公司，2001年改制正式注册为有限责任公司。内蒙古第三电力建设工程有限责任公司目前办公地点位于包头市青山区一宫北1千米，呼得木林大街西侧。院内毛泽东塑像为汉白玉雕塑，始建于1968年，坐落在红色花岗岩砌方形像座上，像座下为砖砌台基，像座高2.7米（图2-34）。毛主席呈挥手立式，面东背对内蒙古第三电力建设工程有限责任公司办公楼，具有重要的纪念意义。近年公司承担了准格尔电厂、丰镇发电厂、海勃湾发电厂、达拉特旗电厂、西卓子山和蒙西乌兰三大水泥厂建设任务，承建了建筑高度和建筑体量创自治区和全国高校之最的内蒙古电力学院（今内蒙古工业大学）大楼。

图2-34　1956年新建设的公司办公楼，1957年华建机关迁至此办公楼
（图片来源：湖北工建提供）

2018年，湖北工建追溯半个世纪前老一辈建设者的足迹，开展了"不忘初心，牢记使命——赴集团迁鄂前老基地（包头）寻根活动"①。当载着湖北工建职工的大巴驶入内蒙古第三电力建设工程有限责任公司大院内时，一群两鬓斑白的老人已在此守候多时（图2-35）。老友们再度相见，聊起当年的人、当年的事，仿佛时光回到了半个世纪前那火热的年代。参加活动的人员纷纷表示，在包头找寻到了企业的创业印记，真切感受到了湖北工建前辈的三种精神，即"战天斗地，开创奇迹的战斗精神；开天辟地，征服困难的奋斗精神；感天动地，亲如一家的团队精神"。无论岁月如何变迁，华建人艰苦奋斗的工作精神、不惧困难锐意进取的拼搏精神、建设祖国的辉煌业绩永远印记在包头这座城市中。

图 2-35　湖北工建回访内蒙古第三电力建设工程有限责任公司（背景为老华建办公楼）

（图片来源：湖北工建提供）

---

① 向延昆，卢君晨. 不忘初心寻根溯源 牢记使命再踏征程——湖北工建集团开展包头寻根活动[J]. 建筑，2018（18）：63-64.

伟大的事业塑造伟大的精神。"156项工程"建设初期，包头市恰逢国家物资极度匮乏，却创造了一笔令后人享用不尽的无比丰厚的物质和精神财富。建设者们在茫茫无际的戈壁荒原，在人烟稀少的深山峡谷，风餐露宿，不辞辛劳，克服了各种难以想象的艰难险阻，经受住了生命极限的考验。他们以顽强拼搏、发愤图强、锐意创新的精神突破一个又一个难关，"他们留下的热爱祖国、无私奉献，自力更生、艰苦奋斗，大力协同、勇于登攀和事业高于一切、责任重于一切、严细融入一切、进取成就一切的精神"是这一代建设者的真实写照，也融入了华建传人的骨髓中，落实在祖国的建设事业中。

如今作为"华建传人"的湖北工建新一代，正踏着前辈走过的路，瞻仰前辈用汗水浇筑的建筑，学习前辈精神，汲取精神力量，让"华建精神"薪火相传、永远发扬光大。

第三章

三线建设与拓荒十堰

经过"一五"计划后，特别是经历从苏联与东欧国家引进的"156 项工程"建设后，中国建立起了现代化的工业基础设备，在钢铁、煤炭、电力和石油等主要工业产品方面达到苏联"一五"计划时的水平。随着中苏发生摩擦、中美关系尚未缓和，中国同时面对两个超级大国给予的压力。为了备战、备荒，党中央决定实施"三线建设"重大战略决策。伴随着国家战略调整，建设企业也随之搬迁。1968 年第二汽车制造厂（下文简称"二汽"）最终确定选址十堰，建筑工程部从全国各地调集建筑施工队伍奔赴十堰。在包头参加"156 项工程"建设的建工部第八工程局奉命调迁队伍前往十堰，与其他单位组成"建筑工程部一〇二工程指挥部（下文简称'102'）"，开启了拓荒十堰的新征程。

3.1　三线建设与红色"102"

3.1.1　备战备荒的三线建设

自 20 世纪 50 年代末，中苏交恶，苏联单方面撕毁经济技术援助合同，撤回所有在华专家并销毁技术图纸，给中国造成巨大的损失。之后，苏联在中苏边界增兵，中苏关系更趋严峻，中国北部边境面临来自苏联的军事威胁。1962 年，中印自卫反击战爆发，中国西部边疆的安全也面临着印度侵略的严峻挑战。1964 年北部湾事件爆发，越南战争范围不断扩大，美国公开叫嚣要先发制人打击中国的核试验设施，这是继朝鲜战争以后，中国面临美国最直接的军事威胁。20 世纪 60 年代，国际政治环境发生巨变，中国面临着多方面的军事威胁，处于国际敌对势力的包围之中。此外，由于地理和历史等多方面的原因，当时中国 70% 的工业分布于东北和沿海地区。1964 年 4 月，中国人民解放军总参谋部作战部提出了《关于国家经济建设如何防备敌人突然袭击的报告》，指出：① 工业过于集中，仅十四个一百万人口以上的大城市就集中了约百分之六十的主要民用机械工业，百分之五十的化学工业和百分之五十二的国防工业；② 大城市人口多，这些城市大部分都在沿海地区，易遭空袭；③ 主要铁路枢纽、桥梁和港口码头，一般多在大、中城市及其附近，易在敌人轰炸城市时一起遭到破坏；④ 所有水库，紧急泄水能力都很小，被破坏后将造成重大灾害。[①] 这份报告引

---

① 来源于《六十年代三线建设决策文献选载》。

起了党中央的高度重视，1964年5月的中共中央工作会议做出了"集中力量、争取时间建设三线，防备外敌入侵"的战略决策。

三线建设将中国工业建设的布局全面铺开，使沿海的一线、中部的二线、西部和西北部的三线并存，把三线地区作为重点建设地区，"备战备荒为人民"，宁可遭受一些损失也得把沿海容易遭受军事打击的基础工业转移到内地①。国家拟在西南和西北片区，部署全套独立完整、门类齐全、互相协调、实用实战的交通能源、基础工业及国防工业体系。当遇到强敌夹击，三线地区的工业体系可以保证我国的工业化体系不被彻底打断。中共中央要求：一切新建项目均不能放于一线地区；在一线的原有企业，特别是机械企业和军工企业，能迁移的就迁移至二、三线地区，能一分为二的，就分迁到二、三线；在一线的重点高校和科研、设计单位等，能迁则迁，不能迁的应当一分为二。②

三线建设范围在不同的历史时期有着不同的界定。最初的三线建设涵盖西南和西北地区，包括鄂西、湘西、豫西。国家统计局出版的《建国三十年国民经济统计提要》把三线地区界定为川、滇、贵、陕、甘、宁、青、湘、鄂、豫、晋这11个省区③。1983年，国务院三线建设调整改造规划办公室的工作范围为川、贵、滇、陕、甘、豫西、鄂西、湘西及重庆市等8省1市。

从1965年到1975年，国家几乎拿出全国基本建设资金的一半（约2052亿元）用于"三线"战略后方的建设，重点在云、贵、川、陕、甘、宁、青等西部省区的三线后方地区，开展大规模的工业、交通、国防基础设施建设。其中，一二线地区建设采取"停、缩、搬、分、帮"的方针，即停建一切新开工项目，压缩正在建设的项目，将部分企事业单位整建制搬迁到三线，把一些企事业单位一分为二，分出部分迁往三线，并从技术力量和设备等方面对三线企业实行对口帮助。三线建设的总目标是：要采取多快好省的办法，在纵深地区建立起一个工农业结合的、为国防和农业服务的比较完整的战略后方工业基地，原则是"分散、靠山、隐蔽"，有的还要"进洞"（史称"散、山、洞"）。搬迁项目和新建三线企业要实行"大分散，小集中"的分布方针④。几百万工人、干部知识分子、解放军官兵和成千上万人次的民工建设者，打起背包，跋山涉水，来到祖国大西南、大西北的深山峡谷、大漠荒野。他们露宿风餐、背扛肩挑，用十几年的艰辛、血汗和生命，建起了星罗棋布的1100多个大中型工矿企业、科研单位和大专院校。

---

① 金冲及.周恩来传[M].北京：中央文献出版社，1998.
② 陈夕.中国共产党与三线建设[M].北京：中共党史出版社，2014.
③ 黄立，李百浩，孙应丹.范型转变临界点下的"三线城市"建设规划实践[J].城市规划学刊，2013（1）：97-103.
④ 襄阳市党史和地方志办公室.中国共产党襄阳历史·第二卷（1949—1978）[M].北京：中共党史出版社，2016.

3.1.2 红色"102"的组建

1952年，毛主席就谈论道："光一个一汽是不够的，要建设第二汽车厂"。建设"二汽"就是在这样的背景下首次被提出来的。同年8月，周总理访问苏联时就提出了我国要建设二汽的意向，得到了苏方的首肯。紧接着，李富春副总理率领代表团赴苏商谈"156项工程"时，还追加了二汽建设项目的谈判，并与苏方国家拖拉机设计院达成由苏方承担二汽工厂设计的意向。二汽从1953年开始筹建，直至1967年把厂址定在湖北十堰为止，共耗时14年，厂址几经变迁，其间历经"三次上马，两次下马"（表3-1）。

表3-1 二汽选址勘探路线表

开始时间	数量	路线名称	备注
1953年	1条路线	湖北黄陂横店—武汉关山—武汉青山—武汉东湖和水果湖之间的答王庙	第一次上马
1955年2月	1条路线	四川成都牛市—保和场一带	宣布下马
1958年12月	1条路线	湖南常德线	第二次上马
1960年2月	1条路线	常德、芷江、怀化、新化、邵阳	宣布下马
1965年2月	3条路线	川贵线：宜宾、泸州、内江、达县、贵阳、遵义、安顺	第三次上马；1965年8月对湘黔铁路沿线进行再次复查
		湖南线：澧县、津市、石门、慈利、大庸	
		湘黔铁路沿线：涟源、新化、叙浦、怀化、吉首、沅江两岸沅陵	
1965年11月	1条路线	汉水线：谷城、均县、郧县、保康、房县、竹山、竹溪、陕西平利、安康	确定选址十堰

（表格来源：何盛强绘制）

整个勘探过程可以分为三个阶段。第一阶段始于1953年，由苏联的汽车拖拉机设计院、国家一机部第一设计分局和汽车局组成的选址小组成立，小组先后对武汉和成都两地进行勘探，但厂址和规模一直未有定论，直至1955年汽车局宣告第二汽车制造厂项目下马。第二阶段始于1958年6月，当时正值第二个五年计划,二汽建设又重新被提了出来,长春汽车工厂设计处和第一设计院先后两次到湖南进行选址,但由于国家仍处于经济困难时期,苏联专家后来也相继撤离中国,筹建工作最后不了了之。第三阶段始于1965年,毛主席重提建设二汽。1965年新成立的二汽选址小组先后到湖南、四川、贵州、湖北、陕西五省几十个县踏勘。由于川汉铁路选线的变化,厂址初步定在湖北郧县十堰到陕西旬阳一带(图3-1)。选址小组结合"靠山、分散、隐蔽"方针向老营审查会议推荐了七个厂址方案①。

图3-1 二汽建设者们在进行厂址踏勘
(图片来源:十堰市档案馆馆藏图片)

1966年10月,45个单位400余人在老营召开了二汽总体布置审查会议(老营会议),对提交上来的厂址方案进行了深入研究与讨论,并最后确定了二汽选址十堰,总体布置在东迄白浪、西抵堵河、北至刘家沟、南到枧堰沟、大致呈三角形的150平方千米范围内的方案②,该方案于1967年2月获得国家一机部批准,并于1967年4月1日举行动工典礼。但二汽最终选址直至1968年11月周总理下命令"二汽就在十堰地区建设"才一锤定音。二汽从筹划建厂到定址十堰,在中国南方绕了半个圈,又经历"三上两下"的波折,最终选址尘埃落定,十堰地区由此进入以汽车工业为主的发展时期。

---

① 李学诗. 二汽选址历时十四年[J]. 武汉文史资料,2010(4):41-47.
② 李延彭. 二汽建厂选址的回忆[J]. 武汉文史资料,2016(12):22-26.

1969年1月，国务院正式批准二汽在湖北十堰地区建设的总体方案。随后，一机部、武汉军区在二汽建设现场召开会议，简称"元月现场会议"。会议对二汽建设的总体方案和建设进度作出了安排部署。1969年2月中旬，红卫地区建设总指挥部及所属五个分部成立。具体分工总指挥部另辖"一〇二工程指挥部"（1969年5月14日，建筑工程部军事管制委员会决定成立建筑工程部一〇二工程指挥部，图3-2），承建二汽基建施工。施工队伍以原北京市第三建筑公司为基础，新调进第六工程局的第四工程处，第八工程局的第一工程公司、第四工程公司、第八工程公司、第一安装公司、第二安装公司、工程局机关的一部分，机械施工总公司长春技校，土石方四个队等单位，加上新招收的职工子弟，以第八工程局系统为主的队伍调进十堰，1969年6月起陆续从北京、内蒙古、贵州、湖南、四川、山西等地开赴湖北十堰，参加十堰二汽建设①。五个分部负责工作如下所示。

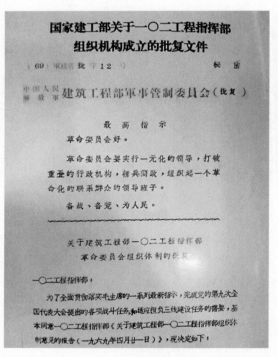

图3-2　国家建工部关于一〇二工程指挥部组织机构成立的批复文件

（图片来源：湖北工建档案室）

---

① 中国人民政治协商会议，湖北省十堰市委员会文史和学习委员会. 十堰文史［第十五辑］三线建设·"102卷"（上）[M]. 武汉：长江出版社，2016.

第一分部：十堰办事处（即十堰市前身），主要负责地材生产、供应。
第二分部：二汽汽车运输团，负责运输。
第三分部：第二汽车制造厂，负责汽车零部件的组织生产。
第四分部：东风轮胎厂，负责二汽轮胎生产。
第五分部：二汽第二修建处和铁路处，负责厂区公路、铁路建设。

二汽建设初期，"102"有职工3.3万人，临时工7000多人。下设7个土建工程团、2个安装工程团和机运团、土石方团、机械修配厂、木材加工厂、构件厂、建筑科学研究所、职工医院、材料供应处等17个二级单位（均为县团级）。第一工程团称五七一团，第四工程团称五七四团等。"102"革委会内设政工组、生产组、办事组、后勤组，并将二汽各个专业厂的施工任务分配到各个单位。

1972年底，二汽厂房基本建成，因施工任务的变化和工作需要，土建一、二、三团安装一团等原北京三建人员撤离十堰调回北京。"102"建筑队伍番号取消，留下来的"102"队伍入户湖北省建设委员会系统，改编为湖北省第一建筑工程局。1984年，第一建筑工程局更名为湖北省工业建筑总公司，1996年又更名为湖北省工业建筑总承包集团公司，2006年改制重组为湖北省工业建筑集团有限公司，现为省属国有全资企业。

3.2　"102"在十堰建设实践

二汽建设是十堰三线建设的重要组成部分，除此以外还包括襄渝铁路（十堰段）、东风轮胎厂、黄龙滩水电站、总后所属一批军工企业（解放军后勤部在丹江口市丁家营建设了3541厂、3545厂、2397医院，在丹江口市浪河镇建设了3602厂、3607厂、3611厂），另外丹江口水利枢纽工程也是在"大跃进"时期开工，三线建设时期建成的。

随着1969年二汽大规模动工，十堰市迎来了建筑业的大发展时期。"102"作为二汽建设的主要力量，为二汽得以建成投产做出了巨大贡献。"102"作为先遣部队参与了该地区大部分项目的土建工程，项目分布广泛、类型丰富。其空间营造既反映了生产工艺与生产组织方式，也体现了建筑与环境的互相适应。除了建设二汽外，"102"也负责建设相应的配套城市设施，其中影响力较大的地方民用建设项目主要有十堰市东风剧院、十堰商贸大楼、十堰金融大厦、太和医院住院部大楼、十堰市体育馆、金穗大厦、十堰市人民银行大厦、二汽花果医院和大片的住宅等工程，深刻地影响了十堰这座城市的形态与文化。

3.2.1 自我探索：规划思路与总体布局

（一）基于备战的自我规划探索：一厂多点，大分散、小集中

三线建设发生在我国社会主义建设初期，其聚落形成环境既受到传统社会主义城市的影响，又与该时期"规划不在"的自我道路探索密切相关，以尝试探索中国本土化的社会主义城乡空间组织模型[①]。三线建设延续了"156项工程"布局的思路，整体考虑战备，采取均衡布局的方式。但二者在地域选择与布局上又有较大差异。中华人民共和国成立初期，"156项工程"布局主要沿京广、京哈经济带展开，且主要围绕大城市展开重工业建设，这与苏联军工国防工业镇的规划以现有城市为依托，根据企业产业类型按一定安全距离规划新镇，形成以一主城带多镇的布局形式有关。但在布局方面，三线时期的三线建设则采取远离城市的战略布局方式，"靠山、分散、隐蔽"的"分散"选址方针更为明显。1956年毛主席在《论十大关系》中明确提到了工业与农业的关系，沿海工业与内地工业的关系，指出"沿海的工业基地必须充分利用，但是，为了平衡工业发展的布局，内地工业必须大力发展"[②]。这一时期，通过城市规划控制城市增长，借助计划经济的"集体供给"分配资源，实现对企业选址、规模的全方位控制，以调控区域的城镇分布[③]。1957年毛主席对人民公社提出的理念：
"我们的方向应该逐步地、有次序地把工（工业）、农（农业）、商（商业）、学（文化教育）、兵（民兵，即全民武装）组成一个大公社，从而构成我国社会的基层单位。"[④] 这是毛泽东同志构建理想社会模式的实践，农村要有民兵、学校、工厂，城市布局同样带有鲜明的特点，都由产业带动一个片区，然后通过城市居民点规划，配套商业服务及后勤保证设施，形成一个"集体空间单元"，进而通过"集体空间单元"植入中西部广大地区，构建了当时的城乡关系[⑤]。

---

① TANG Y, GAO Y Z, XUE C Q L, et al. 'Third Front' construction in china: planning the industrial towns during the Cold War (1960—1980) [J]. Planning Perspectives, 2021, 36 (6): 1149-1171.

② 段娟. 从均衡到协调：新中国区域经济发展战略演进的历史考察 [J]. 兰州商学院学报, 2010, 26 (6): 1-8.

③ 侯丽. 社会主义、计划经济与现代主义城市乌托邦——对20世纪上半叶苏联的建筑与城市规划历史的反思 [J]. 城市规划学刊, 2008 (1): 102-110.

④ 陈伯达. 在毛泽东同志的旗帜下 [J]. 红旗, 1958 (4): 1-12.

⑤ 徐利权, 谭刚毅, 高亦卓. 三线建设的规划布局模式及其比较研究 [J]. 宁夏社会科学, 2020 (2): 151-158.

按要求，三线建设项目普遍靠山进沟修建，分散布局更有利于备战防空，当时还强调不建集中的城市，要把小城市建设分散到各地，并且按照"大分散、小集中"的方针进行布局。"大分散"是指将占地面积较大的综合性国防大厂根据生产流线、产品类型等因素划分为若干个专业厂，结合地形和交通条件，分散布置在不同的乡镇或郊野，厂与厂之间相隔一定的距离，短时间内无法通达，避免了目标过大遭受打击。"小集中"是指工艺密切相连的专业厂围绕一个中心区域靠近布置并组成片区，以便工艺协同和获得最大的生产效益。这种分散式的工业布局方式体现了拼贴化与簇群式的空间特征①，不同于1949年后的"156项工程"的集中主义布局方式。这种分散式布局的方式又叫"一厂多点"（图3-3），总体形态犹如"羊拉屎""瓜蔓式""村落式"②。十堰市城市规划高级规划师胡全杰在访谈时回忆道："开始建设的时候，二汽的布局叫'羊拉屎'，一小点一小点，后来就变成'牛拉屎'，一坨一坨的，或者叫作瓜蔓式的形式，一条公路，结了很多瓜。"

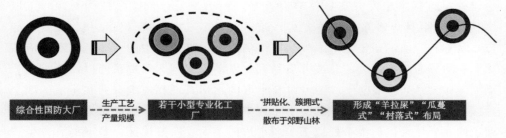

图3-3 "一厂多点"示意图

（图片来源：何盛强绘制）

二汽诞生在三线建设时期，这与第一汽车制造厂（简称一汽）从选址、设计和建造都离不开苏联的帮助不同，二汽建设是一次自我探索的重要经历。一汽是一个大型的、全面移植苏联模式的全能厂，通过集约布局，汽车从毛坯加工到总装采用流水线作业，但是这种工艺流程只能生产单一的产品，后期发展灵活性与机动性低，难以适应市场需求的调整或扩大③。二汽分散布局不仅有利于备战，而且更能实现地区之间的专业化发展模式。毛主席曾提出"打破洋框

---

① 徐利权，谭刚毅，高亦卓. 三线建设的规划布局模式及其比较研究 [J]. 宁夏社会科学，2020（2）：151-158.
② 李彩华. 三线建设研究 [M]. 长春：吉林大学出版社，2004.
③ 关云平. 中国汽车工业的早期发展（1920—1978年）[D]. 武汉：华中师范大学，2014.

框，走自己工业发展道路"的指示①，这一指示后来也成了二汽自力更生的纲领性口号。随着对建厂的方针和在山区建厂的认识提高，二汽将专业厂分散布局的思路逐渐被二汽管理人员接受。同时，二汽进行分散式布局，可以增加用地弹性，实现地区之间的专业化协作生产。随着认识增加，分散建厂的方式逐渐被生产和设计岗位的技术人员所接受。

在山峦起伏的十堰地区，布置大型汽车制造厂，既要考虑备战分散下汽车整体生产流程的组织，又要满足大量流水作业、运输便捷的要求，同时也要考虑具备生产协作关系的专业厂之间的密切配合。如果集中布置，不符合备战要求和专业化协作的需要，而且山区又没有如此宽敞平整的用地；如果布置过于分散，将会增加基建成本，不利于组织生产。因此在"大分散"条件下也要兼顾一定的"小集中"。1969 年 5 月，二汽新设备试制生产部署和工厂设计会议（简称"五一五"会议）在建设现场召开，确定了二汽各专业厂工艺设计与总平面布置以及工厂设计中的一些原则。"五一五"会议讨论的总体布置方案与老营会议确定的总体布置方案虽然略有差异，但仍然是以汽车总成为对象，采取"按工艺分组且分散布置"的方式，即根据汽车三大总成（发动机、车身、底盘）从毛坯、加工到装配基本封闭生产的原则，将设计中的专业厂以及相应的生产车间分为四大系列：总装冲压系列、发动机系列、车桥系列以及后方生产系列。四大系列再根据生产特点以及十堰的地形条件相应地分布在十堰的四个片区（图 3-4）：总装冲压系列位于十堰中部的张湾片区，发动机系列位于十堰西边的花果片区，车桥系列位于十堰东边的茅箭—白浪片区，剩下的后方生产系列则位于十堰的红卫片区。东风轮胎厂随二汽选址也落户到十堰，并于十堰北部土门公社附近进行建设。片区内的专业厂相对集中的布置，片区之间则基于备战需要相对分散。

十堰城市规划高级工程师孙继书在访谈中回忆道："厂里的规划、工业布局，都是专门的工厂设计处设计的，有好多机械设计院专门搞工厂设计。依据生产工艺的需要设计，要布局合理，生产才能够顺畅。要结合地形，肯定要考虑地形。比如说二汽根据生产工艺需要，布置专业厂。"总体来看，26 个二汽专业厂沿着老白公路按照"一厂一沟"的布局思路，分布在十几条山沟内②。各专业厂通过蜘蛛网一样的运输线路有机地联系起来，总体分布形态呈"树枝式"。布局综合考虑了备战分散方针、自然地理条件、产品特点、工艺流程、经济原

---

① 东风汽车公司史志办公室《第二汽车制造厂志（1969—1983）》。
② 徐利权，谭刚毅，万涛. 鄂西北三线建设规划布局及其遗存价值研究 [J]. 西部人居环境学刊，2020, 35 (5): 109-116.

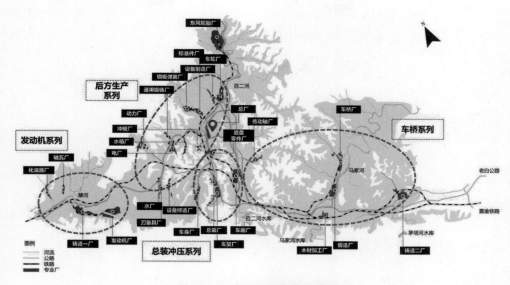

图 3-4 二汽总平面布置示意图

（图片来源：何盛强根据《第二汽车制造厂志（1966—1983）》改绘）

理及其相互关系，有利于工农结合、备战与加快建设。为日后实行专业化协作生产以及因调整转型需要弹性场地空间奠定了基础。

（二）基于工业生产的布局模式：按工艺成组、按地形分片

汽车由上万个零部件组成，汽车生产过程具有产量大、品种繁多、质量要求高、涉及行业广的特点，可以概括为主要由发动机、底盘、车身三大总成构成。汽车生产过程主要由基本生产过程、辅助生产过程、服务和技术准备生产过程等组成（图3-5）。它们之间有机且紧密地联系，缺一不可。基本生产过程是中心环节，涵盖毛坯制造（铸、锻）、零件机加工、毛坯和毛坯热处理、总成和整车装配等重要内容。辅助生产过程是指动能、非标设备及工艺等生产准备。服务和技术准备生产过程是指运输、采保、产品销售与服务。汽车生产流程可以简化为将原材料或半成品通过各种加工工艺制成汽车零件，再将零件装配成各种总成，最后将总成组装为整车并进行试验调整。

一汽效仿苏联模式，在一个大院内集中布置各个专业厂，院内完成所有的零部件的加工工艺和装配，因此是个全能厂。汽车生产伴随着大量流水作业，生产设备和零部件工艺日趋专用化、自动化可以获得最高的劳动生产效率，因此组织专业化协作生产符合客观发展规律的需要。全能厂品种发展慢，生产周期长，不利于引进和革新技术，组织专业化协作生产。汽车厂的总体布置由多种因素决定，不能简单地进行分散或集中布局。集约布局虽然方便了生产生活，

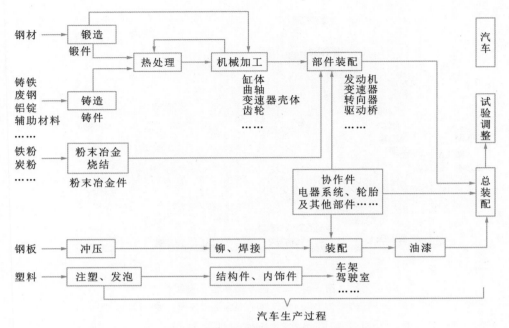

图 3-5　汽车主要生产过程示意图

(图片来源：何盛强绘制)

节约了投资，但是限制了各专业生产的灵活性与机动性，面对产量增加或市场变化时，受限于原有规模和产品类型，难以拓展空间和进行产品换型。汽车的生产也很难做到所有的毛坯从加工和运输都采用机械化进行。一汽经历调整后，将标准件、车轮、钢板弹簧、附件、机修等厂都扩散到外地[①]。

与一汽不同，二汽在已有经验的基础上改善了工业生产的布局模式。根据《第二汽车制造厂建设方针十四条》内容，在生产组织方面，二汽要在一汽的基础上有所突破，改全能厂为专业厂，即根据生产工艺和汽车产品类型设若干个专业厂，每个专业厂集生产、设计、研制为一体；每个专业厂采取产品系列化的生产模式，从而拼接出多种类型的汽车，适应国民经济发展的需要[②]；土建设计还要打破苏式的大方块、对称式布局，不求整齐划一，强调依山就势，因地制宜，达到备战要求。这些内容都体现了二汽自力更生的战略。二汽是依靠国人自主设计和建造的大型工业企业，被视作自力更生的典范，从它的工艺设计

---

① 吴庆时. 第二汽车制造厂的规划与实践初探 [J]. 二汽科技，1982 (6)：11-27.
② 陈祖涛见证中国汽车工业五十年（9）[EB/OL].（2009-10-10）[2020-08-01]. https://auto.ifeng.com/news/domesticindustry/20091010/120843.shtml.

来看，又是将国内已经存在的苏式体系加以本土化①。据二汽的总设计师陈祖涛回忆，"苏联的全能厂综合性太强，二汽的布局要适应生产专业化、产品系列化，同时二汽也要加强产品的开发和研究能力"②。二汽各专业厂的选址综合考虑了场地条件、资源优势和环境影响等诸多因素。片区内部专业厂之间相对集中布置，并开展较为紧密的生产协作，保证在建设成本上升的影响下可以提高生产效益。片区之间适当分散，一般相隔2~5千米，各自开展较为独立的生产生活，但保证了总装片区与其他片区联系最为紧密。

总装冲压片区的位置是由总装配厂的功能来决定的。汽车的三大总成（底盘、车身、发动机）以及其他零部件最后要汇集到总装厂进行装配，然后通过发送站把汽车发送到各地进行销售。为了减少零部件以及产品总成运往总装厂的距离，二汽总装厂安排在总装冲压片区的中心位置，总装冲压片区进而安排在三角形布厂的中心位置，即张湾地区。总装冲压片区主要生产钣金件以及其他总成，片区内还分布有车架厂、车身厂、车厢厂、底盘零件厂。车架厂、车身厂与车厢厂生产的产品体积大，不方便运输，因此在选址时与总装配厂附带考虑，靠近总装厂布置在张湾较为宽阔平整的地块上。为了靠近襄渝铁路，能方便把汽车产品发送到各地，车厢厂设置在汽车发送站旁边，将总装厂装配好的半成品运往车厢厂装上车厢后，就可以交付到二汽的销售部门，再通过铁路运往各地。专业厂以总厂为轴心如卫星一般围绕其分布，相互之间形成了一个分散但又有机联系的整体。虽然比较松散，但是从生产协作上来看，工艺顺畅，联系紧密。

发动机片区位于西端的花果镇，设有发动机厂、铸造一厂、化油器厂和轴瓦厂，主要生产汽车发动机和变速箱总成。发动机厂与铸造一厂都是大容量用电单位，需要靠近水电站设置，因此发动机系列就设置在靠近黄龙滩水电站的花果片区。铸造一厂因位于总厂西边，有二汽"西大门"之称，也是二汽三大毛坯厂之一，主要供给汽车发动机的全部铸件和汽车底盘制动鼓铸件。发动机是汽车的心脏，它的使用性能在很大程度上取决于铸件材质的优劣。因此铸造一厂的生产力和质量水平对于二汽的汽车生产无疑起着关键性作用。化油器厂是生产汽车供油系和刹车系等零配件的专业厂，并负责二汽压铸件毛坯的生产，生产的化油器、汽油泵主要供应给发动机厂，这些产品对提高发动机功率及降低油耗具有重要作用，其他的刮水器与刹车阀产品直接送往总装厂进行组装。轴瓦厂生产的活塞等

---

① 关云平. 中国汽车工业的早期发展（1920—1978年）[D]. 武汉：华中师范大学，2014.

② 陈祖涛口述，欧阳敏撰写的《我的汽车生涯》。

相关配件，主要供给发动机厂。这样的布置，使得75%生产发动机所需要的毛坯件或零部件在片区内生产（图3-6），剩下的由其他片区运进。而片区内生产的发动机总成运往总装配厂，小部分铸件运往片区外。

(a)发动机厂缸体生产自动线　　　　　　(b)装配工人正在紧张地装配发动机

图3-6　发动机厂生产线与装配线

（图片来源：摘自《发动机厂志（1966—1984）》）

车桥生产片位于十堰东部茅箭堂周围，属于汽车总成的底盘系列生产厂，原定在六堰到土门一带建设，后改在茅箭到白浪一带布局。片区内布置有车桥厂、锻造厂、铸造二厂、木材加工厂与传动轴厂，主要生产车桥总成（图3-7）。木材加工厂根据地形条件设置在靠近十堰火车站附近的顾家岗。位于车桥厂南边1千米的锻造厂生产的锻件毛坯，以及位于车桥厂东边3.5千米的铸造二厂生产的铸件毛坯，主要供应车桥厂，其次供给传动轴厂。传动轴厂生产的纵横拉杆则供给车桥厂进行组装。冲压件、配套件、标准件均由张湾地区相应厂供应。

(a)五吨车前桥装配线　　　　　　(b)五吨车后桥装配线

图3-7　早期车桥厂装配线

（图片来源：摘自《车桥厂厂志（1966—1984）》）

精密铸造毛坯由老营精密铸造厂供应；粉末冶金件毛坯由粉末冶金厂供应。其他动力气体如氧气、二氧化碳等由动力厂供应。加工、装配完好的车桥总成再由"看板"汽车运至总装配厂进行装配。与发动机系列类似，车桥系列里80%生产车桥所需的毛坯件与零部件由片区内供应，少量从片外运进。片区向总装厂运送的主要有车桥总成以及传动轴厂生产的传动轴、减震器等总成，小部分铸件运输至片区外。

后方专业厂工艺独立性较强，运输量不大，适合分散布置，由此该系列选择布置在红卫至六堰一带。这一带地形复杂，依次布置有水厂、设备修造厂、刃量具厂、动力厂、通用铸锻厂、设备制造厂、热电厂、水箱厂、冲模厂、底盘零件厂、钢板弹簧厂、标准件厂、设备制造厂以及车轮厂。车轮厂设置在轮胎（土门的东风轮胎厂生产）运往总装配厂的铁路边线上。

四大系列 26 个二汽专业厂又可分为前方厂（总装冲压、发动机和车桥系列）和后方厂。前方生产片区均设置有或邻近设置有锻铸厂，这样每个片区内既有毛坯生产，又有加工装配，很好地解决了山区分散建厂给生产、运输带来的困难。各片区生产的铸、锻件毛坯主要供片区内使用，剩余的运往各片。前方厂直接从事汽车制造，后方厂分别从事设备制造和修理、通用铸锻、冲模等，为汽车生产提供配套服务（图 3-8）。这种职能分工适应了二汽的分散布局，既保证了二汽在封闭环境下能自主维修设备，也能使汽车制造所需要的生产设备随着车型的变化及时作出调整。

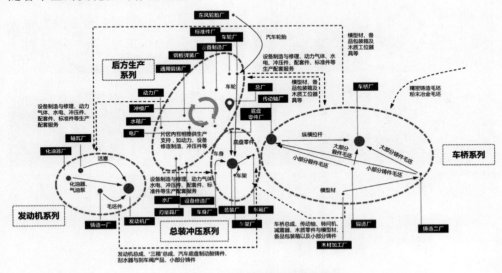

图 3-8　二汽生产协作解析示意图
（图片来源：何盛强绘制）

3.2.2 建设成就：厂区形态与生活配套

（一）生产区建设：顺应地形、适应生产

二汽各个专业厂都是由一些紧密联系的上下道工序所组成，特点是流水作业、自动化程度高、连续性强。分散建设厂房将会影响生产的连续性和节奏；集中建厂也会因地形的限制而造成土方量的增加，达不到隐蔽的目的而处于暴露的风险之中。当时工厂的布置还要遵循"少占耕地、不占高产农田"的方针①。考察发现，为兼顾生产效率与降低建设工程量，厂房依山就势，因地制宜，在可能的条件下尽可能集中布置，通过结合生产工序，巧妙地处理建筑与地形的关系，建筑群高低错落、层次丰富，目的是确保建筑与周边环境融为一体，"被动"适应地形，使其具有一定的隐蔽性，体现了人工改造与自然地形结合的智慧（图3-9）。大部分专业厂仍然选择在宽阔的平地中成块布置厂房建筑，可见即使是在特殊时空下建设，也会尽量创造最符合科学生产规律的条件。其总平面布置方式，可分为以下四种方式：成块集中式、顺沟串联式、岔沟集中放射式、沟内分散点式。分别选取4个具有代表性的厂区对其展开分析。

1. 化油器厂鸟瞰图　　2. 车身厂鸟瞰图　　3. 冲模厂鸟瞰图　　4. 底盘部件厂鸟瞰图
5. 动力后方厂鸟瞰图　6. 刃量具厂鸟瞰图　7. 通用锻铸厂鸟瞰图　8. 轴瓦厂鸟瞰图

图3-9　二汽部分专业厂生产区航拍图

（图片来源：研究团队拍摄于2020年）

---

① 陈夕. 中国共产党与三线建设 [M]. 北京：中共党史出版社，2014.

1. 成块集中布置

成块集中式布置适用于选址在较为宽阔平整的场地上的工厂，在进行平面布局的时候，根据生产流线，将主要建筑物分为若干个区带，每个区带集中布置，区带之间紧密联系。这种布置方式可以节省用地和缩减运输距离，在保证工艺联系顺畅的同时节约建造成本，适用于大批量流水作业的专业厂。以发动机厂的平面布置及其工艺流程为例。发动机厂是以冷加工为主的多品种、混流式流水生产专业厂，生产区可以分为发动机生产区、"三箱"总成生产区以及生产辅助区。发动机的五大零部件分别在缸体、缸盖、连杆、凸轮轴和曲轴车间加工，经检查合格后，送往发动机装配线组装发动机总成，然后再通过输送链运至发动机总成试验车间，进行运转试验（图3-10）。试验合格的总成将集中存放在发送站，根据总装厂需求发货。变速箱零件加工（包括热前、热后加工）分别在杂件、轴齿车间进行。合格加工件送往同一厂房内的变装线组装，试验合格后通过空中输送链送往发装线。取力箱总成、分动箱总成未扩散前，同变速箱总成一样，单个总成封闭在同一厂房内。备品发动机总成（带变速箱总成或不带变速箱总成）送到防锈站，进行防锈处理和包装，然后发送到二汽销售处或用户。

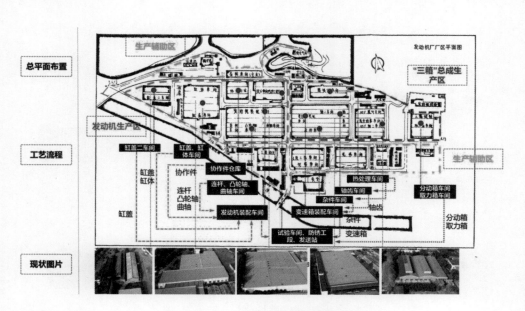

图 3-10 发动机厂工艺流程图示解析

（图片来源：何盛强根据《发动机厂志（1966—1984）》总平面图改绘）

2. 顺沟串联布置

当工厂选址在地形起伏大、宽度较窄的沟谷，沟内需要布置进厂道路以及排洪沟的现实需要，厂房往往沿沟首尾相连、一字排开。这种布置方式用地紧张，但物料的进出与厂区的人流将共用同一条干道，交通流线互相干扰。另外，防洪护坡等维护生产安全的工程量大，耗费多，增加建设成本。因此，这种形式的布置适用于运输量少、工艺流程无倒流的专业厂。根据沟谷的布局走向，串联式又可细分为单线型、双线型、"Y"型三种形态。双线型是指沟宽可以容纳两排厂房摆放的型式。选择单线型的有水箱厂、化油器厂、轴瓦厂；选择双线型的有设备修造厂、刃量具厂、车桥厂；布局形态为"Y"型的有通用铸锻厂、设备制造厂。符合此类布局的专业厂数量仅次于集中成块式。

以化油器厂的平面布置以及工艺流程为例（图3-11）。化油器厂位于花果片区一条南北向狭长的花园沟内，全长1300米，沟内中间粗、两端细。工艺流程分为毛坯件生产与加工零件生产。毛坯件生产工序可概括为"炉料库配制合金—熔化—压铸—清理—加工—电镀—装配—总成库—发往外厂"，加工零件工序为"备料工段—加工—电镀—装配—总成库—发往外厂"。整个厂区结合地形特点，将防洪沟、厂区主马路、生产车间三者平行排列，厂房根据工艺流程由北

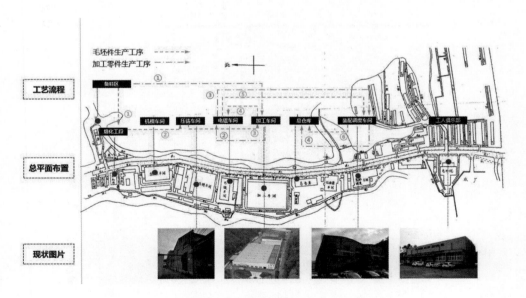

图3-11 化油器厂工艺流程图示解析

（图片来源：何盛强根据《化油器厂志（1966—1982）》总平面图改绘）

向南排列布置,其中主要生产车间——压铸、电镀和加工车间呈东西向布置在沟内最宽的地方,而机修、模具车间,供运科备料工段、装配及调度的仓库呈南北向布置在厂区北部。厂区前有厂部大楼、汽车队、食堂及礼堂。

3. 岔沟集中放射式布置

工厂布置方式巧妙利用岔沟的特点,将与全厂联系紧密的车间布置在岔沟的汇合处,而把在生产工艺上联系少、相对独立的车间有序分散布置在山沟里。二汽只有冲模厂属于这种类型,它将生产上相对独立的大型冲模、小型冲模、毛坯、动力站房分别布置在沟内,而把如热处理车间和仓库系统等与全厂联系紧密的车间布置在岔沟汇合处(图3-12)。这种布置方式的特点是充分利用地形,兼具集中和分散布置,工艺流程上互不干扰,铺设管线也较短。

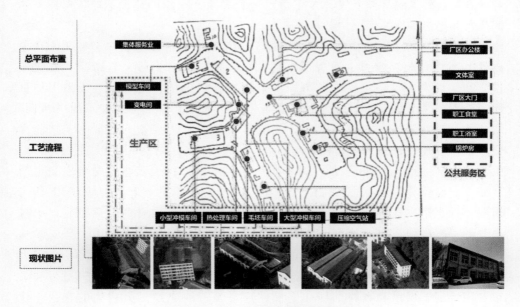

图 3-12　冲模厂工艺流程图示解析

(图片来源:何盛强根据《冲模厂志》总平面图改绘)

4. 沟内分散点式布置

沟内分散点式与岔沟集中放射式原理相似,将生产工艺上相互独立的车间分散布置在岔沟内,自成一体,互不干扰。二汽只有动力后方厂采取这种特殊的布置形式,它将热工、机修、氧气等车间分别布置在形如树枝状的大炉子沟内的各个岔沟里,虽然非常符合分散隐蔽的防空要求,但是增加了交通运输量,管理工作也非常不便，是典型的"瓜蔓式"布置。厂区在后期建设中逐步把各个部分连接起来了。

（二）生活区建设：近厂解决，尽量集中

为了加快二汽建设，让职工更好地服务生产，二汽各个专业厂为本厂职工提供宿舍及其他配套设施，承担起职工的饮食起居与其他社会活动。工人的工作空间和住宿空间被高度压缩在一起，因此工业形态很大程度决定了居住区的分布与形态。生活区的规划设计及其形态特征以及内部形成的非物质形态部分，都受到了地理环境与特定时代背景的共同作用，形态背后更是反映了社会主义时期备战环境下的国家意志。受制于建设工人的流动性，建设初期"102"职工宿舍邻近厂房布置，不是设置在山坡上就是设置在河滩边，既要防火又要防洪，并没有形成较大的体量。这体现了应对地形和生产组织的建设策略，形成了不同的布局形态。

二汽各个专业厂的生活区设施齐全，功能完善，除了数量最多的工人住宅以外，还建有职工食堂、医务所、托儿所、粮店、小卖店、缝纫社、液化气供应站、理发店、浴室、生活物资冷藏仓库、俱乐部、招待所等设施。根据使用功能，生活区又可以分为居住类与公共服务类。由于生活需求的一致性，居住类与公共服务类建筑经常邻近或混合布置。公共服务类建筑由于功能多样，是厂区建筑群最为丰富的区域①。二汽建设初期，由于执行"先生产、后生活""先工业、后民用"的"两先两后"建厂方针，工程建设主要围绕生产区展开，且预算有限，生活供应严重不足。刚到十堰时期，"102"职工住房采取了低水平、标准化的建设方案，前期只能以就地取材的芦席棚、"干打垒"形式顺应地形与生产区邻近布置，厨房和厕所都是集体使用。到三线建设后期，厂区建设才向生活配套设施转移，陆续兴建公寓和单元房，层数为两三层不等（图3-13）。居住建筑往往顺应地形，整体靠山面向农田呈行列式布置，区别于城市和乡村的居住空间，这也是三线建设工人住宅的特色。住房分配是职工最关心的事情，这不仅满足了职工个体需求，同时也是对职工表现优异的最好证明。从简陋的行列式集体住宅，到成套的公寓和单元房，居住空间的演变主要表现为功能的成套化和私密性的增强，并反映个人与集体从属关系的弱化。

公共服务类建筑是人们进行集体活动的重要场所，是继生产性建筑和住宅建设之后，在厂区剩余空地上进行选址建造的，因此更能考验设计者与施工方

---

① 刘伯英. 工业建筑遗产保护发展综述 [J]. 建筑学报，2012，1（1）：12-17.

(a) "102" 早期的芦席棚、"干打垒" 住宅

1. 北京路干打垒住宅　2. 铸造二厂干打垒住宅　3. 发动机厂现存干打垒住宅　4. 花果片区干打垒住宅

(b) 现存的干打垒住宅

1. 通用锻铸厂工人住宅　2. 化油器厂工人住宅　3. 发动机厂工人住宅　4. 冲模厂工人住宅

(c) 现存居住区鸟瞰图

图 3-13　专业厂生活区的工人住宅

（图片来源：(a) 由湖北工建提供，其余为研究团队拍摄）

的能力。公共服务类建筑形式丰富、体量大，商店、学校、医院、食堂、浴室和工人俱乐部（大礼堂、影剧院）等类型是企业保障职工生活、提高职工生产效率的福利设施，同时为社区提供内部交流场所，私人空间在此成为附属。公共服务空间还加强了厂区内部的凝聚性，营造出一种"集体主义"的生活方式。工人俱乐部以巨大的体量和较高的辨识度成为厂院内最具现代性的建筑（图 3-14）。

1. 铸造二厂工人俱乐部　2. 钢板弹簧厂工人俱乐部　3. 化油器厂工人俱乐部　4. 铸造一厂工人俱乐部

图 3-14　二汽部分专业厂工人俱乐部（影剧院）

（图片来源：研究团队拍摄于 2020 年）

第三章　三线建设与拓荒十堰

公共服务类设施还有一种区别于上述"封闭空间"的一种类型——景园建筑。在现场调查时发现多个三线建设后期修建的小游园（图3-15）。小游园为厂内职工及家属提供舒适的休憩活动空间，具有大众性、可达性、开放性、功能性等特征。三线建设工厂内的景园建筑包括游园入口、亭子、廊桥、廊道、漏窗等部分，并使用花园、水池、雕塑、石凳石桌等景观要素进行点缀增色。景园建筑既带有中国古典园林建筑的意象，又反映了工业建筑的特征。游园步道结合地势，顺势而上。园中供人休憩的水泥桌凳具象成瓜果的样子，充满自然之趣。游园边界若有若无，与厂区周边环境融为一体。

(a)铸造二厂"东怡园"景园建筑

(b)轴瓦厂"竹壶幽居"景园建筑

(c)通用锻铸厂"月园"景园建筑

图3-15　二汽部分专业厂小游园景园建筑

（图片来源：林溪瑶拍摄于2020年）

3.2.3　工地社会：施工组织与日常

（一）施工组织

二汽建设初期，建设大军响应毛主席"备战、备荒、为人民"和"三线建设要抓紧"的号召，从北京、长春、大庆、太原、呼和浩特、包头等各个地方赶赴十堰支援三线建设。当时老白公路（湖北老河口—陕西白河）是唯一的进山通道，交通极不便利，山路崎岖不平，弯弯曲曲的盘山路土石混杂，因此建设者戏称"晴天一身土,雨天一身泥"。当时的襄渝线只修到了丹江口,因此陆路和水路来的进山物资和人员都在丹江口转运。由于进山的人太多了,建设者们先在汉口黄兴路52号的"102"中转站等候集结。当时建设者进山的方式有四种(图3-16):① 在汉口站搭乘去丹江口的火车,然后在丹江口水库转乘轮船逆江而上前往郧阳邓湾码头(大概耗时9个小时,图3-17),最后乘坐指挥部的卡车(大概耗时5个小时)到达各个工地;② 在丹江口站直接乘坐指挥部的卡车一路颠簸进山;③ 在老河口站(以前的光化县)下车,改乘大卡车经石花、土关垭、丁家营、六里坪、白浪等地进山;④ 从"102"汉口中转站直接乘坐汽车到十堰。

图 3-16　建设大军进山路径示意图

(图片来源:何盛强绘制)

图 3-17　1969年参与二汽建设的人们乘船抵达郧县的邓湾码头

(图片来源:湖北工建提供)

建设者回忆起刚到十堰的场景：工地上、山坡上、河边上到处都竖立着三线建设指示的标语牌，营造出一种热火朝天、大干快上的气氛。

除人员外，大型施工设备如推土机、挖掘机，以及建材（除砂石就地取材外，电线杆、钢筋、水泥、木材等都是外来供应）和人们的生活物资，几乎都是通过老白公路运进十堰，砂石则从黄龙运过来。当时物资进山的方式有两种：① 通过火车运到丹江后装上大型拖船，过江到邓湾码头，然后再用拖车运到十堰的各个工地；② 运输到老河口站，通过渡船摆渡过汉江，再通过公路转运到各个工地。当时公路运输十分繁忙，公路条件又极差，只有一两条通往邓湾、老河口的砂石路，运输能力极为紧张，道路和运输工具都不能满足要求，经常出现停工待料的现象。

初到十堰的"102"建设大军生活用房采取临时搭建的方式，由于平地较少，生活用地主要分布在河滩两旁。"102"预制构件厂、安装二团、安装一团分布在六堰至张湾公路西、神定河以东的河滩地，机运团除修理营分布在山坡地外，团部、运输营等分布在神定河东及河西河滩地，吊装营分布在六堰到土门公路西神定河东的河滩地。为此，职工们在生产生活之余，在雨季还要参加防洪、抗洪工作。建市以前，十堰除区政府、乡政府、事企业单位及少数富裕人家以青砖建房外，农民多以土坯或"干打垒"方式建房。1969年"102"各路施工队伍大量进入，1971年是建设高峰时期，正规施工队伍共有3.3万人，民兵、民工和农村建筑队等辅助施工力量有近2万人。"102"施工队伍负责二汽厂房建设，民兵、民工和农村建筑队等辅助施工力量负责道路、临时设施和民用建筑。

随着"102"加入二汽的建设当中，各项目的基础工程、砌体工程、屋面工程、装饰工程、混凝土和钢筋混凝土工程施工广泛开始应用新技术、新工艺和新材料。城市建筑业改变了以前只能施工建设一般民用或住宅建筑的落后状况，逐渐形成民用与工业建筑并举的施工能力。20世纪70年代初，建筑施工现场的垂直与水平运输全靠肩挑、背扛、手提或人工传递，劳动繁重、强度大、效率低。到20世纪70年代中期，手推车（有单轮和双轮）、木井架和卷扬机的应用，逐步代替了肩挑背扛作业，减轻了工人的劳动强度，提高了工作效率。20世纪70年代末，钢管脚手架取代木井架后，垂直运输方式得到改变，工作部件有卷扬机、钢丝绳、滑轮、吊篮和双轮翻斗手推车等，用以吊运红砖、砂浆和小构件；后逐步发展到独柱（方型）运输钢架、门式运输钢架（俗称"龙门架"），其由钢管、扁钢及角钢分节制成，升降自由，现仍广泛应用。20世纪80年代初，各个建设单位先后购置和应用红旗吊、塔吊、汽车吊、轮胎吊，不少吊装技术是"102"独创的。

改革开放后,湖北工建总部搬迁至襄阳,留在十堰的第三工程公司(原"102"第六工程团)继续支援十堰建设,并给城市留下了多项优质工程。从1984年到1999年,共有24项承建工程分别获得总公司级、市级、省级的优质工程称号。承建二汽热电厂186米高的烟囱、干煤棚、冷却塔,十堰市缸套厂机加工车间,二汽技术中心试制办公楼、综合站房、职工食堂,二汽体育馆,二汽教委教学楼、食堂,二汽变速箱厂,二汽中心医院门诊楼等15项工程,被湖北省工业建筑总公司评为全优工程。车城商场、东风轮胎厂影剧院、十堰市图书馆等工程被评为十堰市全优工程。二汽技术中心主楼及其建筑群被湖北省人民政府授予1988年度"省级优质工程建筑群"称号。中国银行十堰市支行营业办公大楼,经湖北省优良样板工程评审委员会评审,由湖北省城乡建设厅授予"湖北省优良样板工程"的称号。

(二)工地社会日常

1. 企业办社会的"小而全"

三线建设是在计划经济体制下由国家"空投"植入的队伍,从选址布局到生产建设,严格受控于高度集中的计划体制[①]。"102"进入十堰后,由于交通不便、信息闭塞,与周边农村几乎隔绝。在较小范围内短时间集聚数万人从事工业化生产建设,职工的生活方式、社会福利以及娱乐活动等方面有别于周边村民。由于中国在当时业已确立严格的城乡二元分隔体制,户籍制度的藩篱基本上阻断了周围农村人口进入三线企业成为企业职工的可能性,使得三线企业职工与周边的农村人分属两类户籍[②]。

这一时期,"102"自成体系,通过自建职工宿舍、医院、托儿所、学校等一整套"小而全"的服务设施,为职工提供生产、生活、文卫和娱乐服务,对本厂职工及家属实行"家长制"管理方式。各专业厂生活设施丰富全面,一定程度上与城市空间及设施高度复合。工人及其家属的日常工作和生活基本在厂区内部解决,封闭性和自给自足性极强,这些特征与城市的单位大院高度类似。但由于地处偏僻的农村地区,形态上与当地自然环境有机融合,功能上自给自足,这些特征又使得专业厂类似于乡村聚落。基于此,专业厂

---

① 朱碧瑶. 历史制度主义视角下"三线城市"的治理转型及空间响应[D]. 南京:南京大学,2017.

② 徐有威,陈熙. 三线建设对中国工业经济及城市化的影响[J]. 当代中国史研究,2015,22(4):81-92.

是介于城乡之间的"单位社会",如同嵌入山沟小镇的"飞地",一定程度上呈现出文化孤岛的特点①。专业厂内部组织完善,逐渐形成独立的集体生活单元,如同一个"社会浓缩器"②。随着工业的生产以及内外的逐步交融,厂内形成独特的"厂文化"。

2. 空间组织模块化

对厂区住宅组团进行比较可以发现,住宅基本采取行列式布局,并以简单的绿地相隔,不同于单元大院内的围合式院落。这种简单的组团设计使得工人的居住环境单一和均质化,但同时也象征着社会主义的公平原则。除了单身宿舍和家属楼,每个专业厂里都设有食堂、服务站、托儿所、幼儿园等设施,目的是让职工家属从日常的家务劳动中解放出来,参与工厂的生产中(图 3-18),同时领取相应的工作报酬。通过参与集体劳动,切身体验生产仪式般的生产场景,工人家属在实现个人价值的同时,也在进一步强化集体认同感③。

(a)102家属工拉运建材　　　　　　(b)102家属工抬厂房屋架

图 3-18　"五七"家属连参与厂房建设中

(图片来源:湖北工建提供)

模块化的另外一个表现就是住宅实行标准化设计。为了节省设计的时间和加快建造速度,每个专业厂的住宅选用若干种规定的户型进行拼接,因此平面布局和立面造型较为相似。托儿所、粮油副食店、公共浴室等小体量的公共设

---

① 张勇. 介于城乡之间的单位社会:三线建设企业性质探析[J]. 江西社会科学,2015(10):26-31.

② 谭刚毅. 中国集体形制及其建成环境与空间意志探隐[J]. 新建筑,2018(5):12-18.

③ 刘思瑶. 单位变迁中"三线家属工"身份认同的社会建构研究[D]. 长春:吉林大学,2018.

施一般都被整合到住宅的一层，目的是形成生活区里的小街道。这些公共空间从而也成为住宅空间的固定模块。事实上，这种空间组织的模块化或者说标准化，潜移默化地促使着工人的行为统一，最终导致个体目标与集体目标的统一①。

3. 门禁与边界

基于备战隐蔽需要，生产区往往设置在沟里，沟口作为生活区。沟口是最靠近交通线路的地方，拥有较为开阔的生活环境，同时易于接收生活物资。在发展过程中，生活区还会沿着河道或者交通线路进行扩展，并逐渐交融在一起。如化油器厂生活区安置在花园沟沟口，轴瓦厂的生活区则安置在竹园沟沟口，两个专业厂的生活区沿着犟河河畔建设，最后形成规模较大的生活组团。专业厂多依靠沟谷或河道进行生产区的选址布局，因此自然地形地貌成为生产区与外界的屏障，农民群众也不会扰乱生产秩序。后来由于现实的变化，专业厂纷纷在生产区外围修建围墙，设置厂区大门以及建立门卫巡查制度，将生产与生活、当地农村以及公社严格分隔开。如此一来，厂区大门成为分隔生产与生活以及外界社会活动的一道屏障。厂区大门是专业厂社会地位以及经济实力的象征，在设计上除了满足警卫、值班、传达等功能需求，还要体现厂区的理念追求与经营实力，因此在规模、风格和材料使用上尽可能地达到恢宏与气派的效果（图3-19）。

生活区与公社的土地以及农民住房逐渐混杂在一起。《第二汽车制造厂建设方针十四条》提到，在建设一个大庆式的汽车工业基地的同时，还要建设一个大寨式的社会主义新农村②，做到工农联盟，亦工亦农，互为一家。除了工农业相互支援生产以外，工厂必须充分利用荒山、荒地自办农场，厂社合办大学、中专、技工学校和中小学等。在实际建厂过程中，职工医院和子弟学校、理发店等公共福利设施逐步向当地农民开放，也帮助当地公社创办小型工厂。这样的举措使得厂社紧密结合，大大降低公社非生产性投资，工业与农业同时发展。正是这样"工农一家"的关系，使专业厂的生活区与周边村庄、农地交融在一起，不存在严格区分的边界。

---

① 周苗. 新中国成立后集体住宅的空间形态研究（1949—1978）[D]. 武汉：华中科技大学，2020.
② 关云平. 中国汽车工业的早期发展（1920—1978年）[D]. 武汉：华中师范大学，2014.

(a)钢板弹簧厂生产区大门　　　　　(b)铸造一厂生产区大门

(c)设备制造厂生产区大门　　　　　(d)总装厂生产区大门

图 3-19　二汽专业厂生产区大门

(图片来源：研究团队拍摄)

4. 熟人社会网络

三线建设企业是一种在地理位置、生产方式以及社会关系上有别于城市单位大院以及乡村聚落的特殊社会组织形式，出于报效祖国的满腔热情以及对单位提供的就业与相应福利的需求，来自天南海北的人们聚集到山区的企业中开展生产并生活下来，因此厂区内部体现出强烈的"移民文化"。工人住宅里的集体宿舍还会在中心位置设立公共卫生间和厨房，职工的部分日常生活交融在一起。厂区里修建的小游园、工人俱乐部是娱乐性、休闲性的空间，为厂里职工的社会交往提供了空间载体。久而久之，由于生活环境的同质化，厂矿内部工人的社会角色又较为相似，相互之间关系愈加密切。同事可能又是父子关系，同事成为伴侣等。工人们在相对封闭的环境中开展生产和生活，不仅与厂区建立了稳定的业缘关系，还跟身边来自五湖四海的职工建立了较为密切的邻里关系，共同构建一个"熟人社会"和一张"关系网"。

5. 时空的集体化

专业厂既是一个"工作单位",也是一个"邻里单位",集生产、生活一体,具有集体的性质。专业厂都设有清晰的工作计划以及严格的工作时间,工人以及家属都必须在规定的时间内参与生产劳作。当工厂的生产实行两班制或三班制的时候,工厂则把工作时间相同的工人安排在同一栋宿舍里,保证其他人的正常作息。这种带有强制性的时间安排和住宿分配,促使工人养成集体化的时间观念,更好地服务生产。

二汽的专业厂公共服务设施齐备,职工获取这些资源的机会平等。为了获取稳定的生活资源,职工不得不与企业建立起强烈的组织依附关系,服从工厂的生产调度以及日常生活事务的分配。工厂在正式投产后着手修建工人俱乐部,目的是对工人进行生产动员、政治宣传教育以及满足职工的精神娱乐需求。工人俱乐部体量雄健有力,有着很强的纪念性,内部空间的设计有着强烈的集体主义、集体精神的指向。以工人俱乐部为主的集体空间在职工日常生活中不断塑造集体行为,职工也逐渐形成集体意识观念和集体荣誉感、认同感。职工在集体化的生产学习中与企业建立起稳定的业缘关系,在同质化而又高频互动的生活空间中建立起邻里关系,以及在厂区的休闲娱乐活动中(游园、体育活动、文艺汇演等)建立起多重的趣缘关系[①]。多重的关系交织成网,加之共同的生活经历,使得职工在厂区内部得到更多的共鸣,对国家制度、企业和身边的邻里产生了嵌套式的认同,与企业、他人成为一个"共同体"。

6. 半军事化管理

筹建时期,二汽被列为国家二级保密厂,对外称"东风机械厂"。1969年,二汽根据武汉军区三线建设领导小组指示,对外称"红卫厂",二汽建设总指挥部对外称"红卫厂建设总指挥部"。二汽所属单位对外启用代号,在代号前均冠以红卫厂。代号前面两个字均为"57",后面一个或两个数字为单位区别代号,如锻造厂对外称"红卫5752厂"。这种对外保密的情况持续到1971年6月。担任二汽厂房主体建设的"102"工程指挥部对其所属的施工队伍按团、营、连编制,各工程团与二汽专业厂同步启用代号,如第一工程团称为五七一团,第四工程团称为五七四团,指挥部及所属各单位在各级军代表的参与领导下进行工作。

---

① 陈仲阳."大院"与集体认同的建构[D].南京:南京大学,2019.

3.3 "102"对十堰市发展的影响

三线建设作为社会主义工业建设的重要组成部分，改变了中国的工业布局，极大地推动了三线建设地区的城镇化，也留下了丰富的物质遗产和精神财富。这一时期，国家大规模的资金、技术、设备、人才等核心要素的持续"嵌入"，快速建成一批核心工业城市、新兴工业城镇。作为建设单位的"102"群体在"好人好马上三线"的号召下，全国各地数以十万计的优秀建设者，牺牲个人利益，汇聚到十堰。他们当中，有从国家机关抽调的领导干部，有从科研单位选调的优秀科技人员，有从沿海内迁的数以万计的职工，有从老工业基地和老企业调来包建的数十万建筑安装队伍，采取老基地带新基地、老厂矿带新厂矿、老工人带新工人的"三老带三新"办法，开展了鄂西北地区的三线建设，通过政治共识提高社会邻近性，有力地增加了各方之间的信任度，加速了建造技术的高质量快速转移。

3.3.1 对十堰城市空间结构的影响

"102"在鄂西参与二汽建设浓缩着这一时期中国城乡建设的时代烙印，且持续影响着该地区后期的工业化与城镇化发展。在二汽选址十堰之前，十堰处于农业建设阶段，主要发展社会主义集体农业经济和水利事业，相应配套的道路修建缓慢。二汽投建后，以工促农，带动城区、乡镇各类行业发展壮大。人口的快速增长，以及工商业的持续发展，推动着城市基础设施逐步健全与完善，城市建成区面积不断扩大（图3-20）。到1994年，十堰城区中等城市格局基本形成，建成区面积近40平方千米（图3-21）。建设初期，二汽分散布置，居民点以简单的芦席棚或"干打垒"形式围绕厂区布置。郧阳地区机关集中在老街到五堰一带，沿老白公路开展基本建设，规模小。城市早期空间结构呈现沿老白公路散点分布的形式。三线建设时期，城市（镇）的主要规划建设服务于三线工业企业，围绕工业企业的选址布局，为其配套建设附属工业和服务设施[1]。二汽"一厂多点"和"按工艺分组"的分散式布置奠定了十堰市组团式布局的城市结构。二汽的兴建，带来了各行各业的集聚以及人口的迁入，迁入的人口

---

[1] 孙应丹. 中国三线城市形成发展及其规划建设研究 [D]. 武汉：武汉理工大学，2010.

使得邻近专业厂设置行业网点与居民点，与专业厂组成小尺度的生产生活综合服务圈，使生产协作片区内部开始形成功能多样的小组团。同时十堰也迎来了人口激增、耕地短缺、城乡关系不协调等问题。"102"对十堰城市空间结构的影响，可以通过十堰市编制的多轮城市总体规划来体现，尽管城市在不断发展，但当年建成的空间结构一直保持至今。

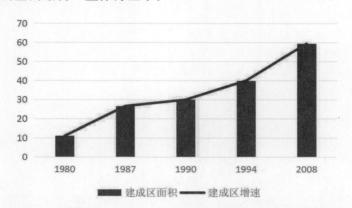

图 3-20 十堰市建成区面积（选年）变动统计（单位：平方千米）
（图片来源：何盛强根据《十堰市志（1866—2008）》整理绘制）

图 3-21 城市建成区（1969—2004）示意图
（图片来源：何盛强绘制）

1972年的城市总体规划是在"城市的改建和扩建要做好规划，经过批准，纳入国家计划"的指示及当时中共中央关于发展以中小城市为主，工农结合、城乡结合、有利生产、方便生活和经济适用，在可能条件下注意美观的城市建设方针指导下进行的。当年的建市方针为"城市为二汽服务，城建围绕二汽建设进行"，这一时期十堰城市规划内容紧紧围绕二汽厂区进行布置。规划布局结合山地的限制，从建设小城镇的思路出发，将整个城市规划成6个卫星镇（黄龙、花果、红卫、茅箭、白浪、土门）环绕中心区布置的格局。把城市中心区定在从十堰火车站至张湾一带，范围涵盖二汽总厂（行政管理）、总装厂（总成组装）以及郧阳地区机关和十堰市政府（行政功能），以此作为十堰和二汽的文化、交通和生产行政的中心。规划与二汽工业生产的"一厂多点"相契合，既集中又分散，服务生产的同时也适应了山地环境。卫星镇之间以及它们与中心区之间则通过公路相连，公路两侧布置菜园或者绿化带，从而使各个组团之间形成有机统一的整体。基于分散组团的空间布局，生活服务区也采取分级、分组团设置方式，即以专业厂为单位的点状生活区、以卫星镇为组织的生活片区和城市中心综合服务区。根据二汽专业厂的布局，6个卫星镇设立3个生活片区，分别是花果、红卫、茅箭，其余3个卫星镇共用附近的生活片区（图3-22）。

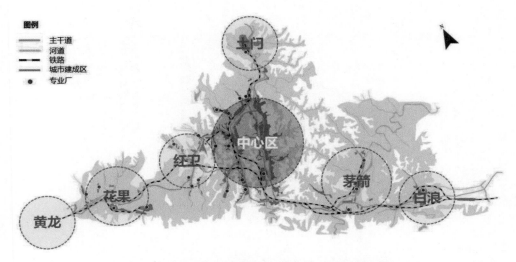

图 3-22　卫星镇环绕中心区布局的空间结构示意图

（图片来源：何盛强绘制）

1978年底，为了适应改革开放和国家工作重点的转移，十堰市以城市建设规划办公室为主体，邀请二汽工厂设计处有关人员，历时两年于1980年11月中旬完成《十堰市城市总体规划》的编制工作。1981年11月，该版城市建设总体规划由湖北省人民政府批准实施，并在较长一段时间内指导着十堰的城市建设和社会经济发展。该版规划确定了十堰市的规划建设不仅要为汽车工业的发展创造条件，也要相应发展第三产业，为城市人民的生活提供出行方便、舒适宜居的环境。在过去"中心区＋卫星镇"的空间结构上，整合城市空间资源，把城市规划为四个分区（白浪、茅箭、花果和土门）环绕中心区布置的格局。工业布局方面，二汽部分专业厂在原地附近扩建，地方服务工业围绕二汽生产合理分布，以利于与二汽开展配套协作和职住接近。

1988年初，随着城市经济、社会的不断发展，十堰市委托中国城市规划院进行城市总体规划的修订工作。该规划以十堰市的区位条件以及二汽的发展作为重要依据，对城市性质做必要补充，明确城市发展从侧重于单一职能向多功能综合性方向转化，把城市性质拟定为全国重要的汽车生产和科研基地，地区性的重要经济中心城市，并从人口增长自然规律和城市社会发展的客观要求重新论证城市规模。规划布局将之前的"一核多点"调整为西部、中部和东部三个组团，西部组团包括花果和柏林两片，东部组团则包含了茅箭、白浪，中部片区在过去的中心片区基础上增加了土门一带。工业布局相应地采取集中与分散相结合的布置方式，合理组织工业生产与各项活动的关系。

通过对十堰市建设历程以及城市建成区扩张的分析可以总结十堰市城市空间结构的变迁规律。在三线建设备战时期，除了专业厂布置在山沟之中，就连郧阳地区所属机关单位都选择在柳林沟一带开展建设，市中心区建成面积较小，建筑以平房为主。这一时期的城市属于靠山发展，体现了城市用地的纵深拓展。改革开放后，经济发展是重点，城市中心区在较为平坦的地形上相继建设商业、居住和办公用房，这一时期城市属于面山发展，体现了城市用地的填充发展。在商品经济与市场经济的作用下，城市需要继续扩张以容纳更多的人口与产业。城市建设往坡地方向发展，这一时期城市属于压山发展，体现了城市用地的持续扩张。步入21世纪后，城市紧贴山体，修建贯穿山沟的道路，形成围山之势，体现了城市用地的全面扩张（图3-23）。但无论城市怎么变迁，"102"早期建成的组团式空间格局一直影响着十堰市的空间结构。

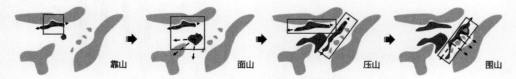

图3-23　十堰市城市用地发展路径示意图

（图片来源：何盛强绘制）

3.3.2　对十堰经济社会发展的影响

"102"建设二汽，为十堰市的经济增长作出了巨大的贡献。随着二汽在十堰破土动工，这些工业项目强有力地带动了当地机械制造、电力、建材业、采矿冶金等行业的快速发展。1975年7月1日，二汽两吨半越野车生产线建成投产。1978年7月15日，五吨载重车生产线建成投产。1978年后，十堰以汽车工业为龙头，重点发展市、地、县属企业，诸如与二汽协作配套的轮胎、塑料、开关、喇叭、篷布、橡胶等企业迅速发展。1979年以后，汽车制造业成为十堰市的主导产业。1986年，境内有6个厂（郧阳地区汽车拨叉厂、十堰市特种铸铁厂、十堰市车桥轮毂厂、十堰市汽车制动蹄厂、十堰市汽车缸套厂、十堰市汽车配件铸造厂）与东风汽车工业联营协作生产。

工业产值与国民生产总值稳步增长（图 3-24、图 3-25）。1985 年十堰市工业产值增长至 29.69 亿元，占全省、全国比重从 1965 年的空白增长至 6.4%、0.3%，从纯农业区成长为全省第二大工业城市及全国规模最大的现代化汽车工业基地[①]，同时也是鄂豫陕川接合部最大的工业城市以及全省发展最快、人均收入最高的城市。1985 年二汽在产销量、上缴国家利润和税收方面，均占全国汽车企业的 60% 以上，创造了 20 世纪 80 年代的辉煌[②]。20 世纪八九十年代，东风公司（1992 年 1 月，二汽更名为"东风汽车公司"）在十堰的工业结构中稳定地占有 70% 至 80% 的份额，而其他地方工业只占 20% 左右。十堰原市委书记周霁曾经说过："东风公司始终是十堰经济的根基和支柱，直接拉动了十堰经济增长。"

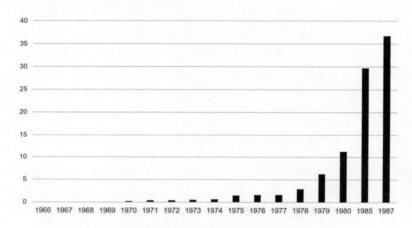

图 3-24　十堰市部分年份工业总产值统计（单位：亿元）

（图片来源：何盛强根据 1981 年《十堰市城市总体规划》年与 1990 年《十堰市城市总体规划》整理）

二汽的建设与发展为十堰输入了大量的劳动人口，来自祖国四面八方的劳动大军聚集十堰，艰苦奋斗、团结互助，克服重重困难，将一个大山深处的荒芜乡村转变为一座现代化的英雄城市。市区总人口由 1966 年的 9 万多人增加到 1990 年的近 40 万人，其中外来人口为市区总人口的 3/4[③]，因此十堰是典型的移民城市。1967 年，因修建丹江口水利枢纽致土地被淹，郧县城关近 800 户居民随着郧阳行署机关迁入十堰。随着二汽以及东风轮胎厂的大规模建设，来自

---

① 徐利权，谭刚毅，万涛. 鄂西北三线建设规划布局及其遗存价值研究[J]. 西部人居环境学刊，2020，35（5）：109-116.

② 十堰广电网. 一群人，一座城，东风汽车如何改变十堰？[OB/EL]. (2008-05-30) [2022-08-01], https://www.sohu.com/a/233384981_100163025.

③ 十堰市地方志编纂委员会. 十堰市志（1866—2008）[M]. 北京：中国文史出版社，2014.

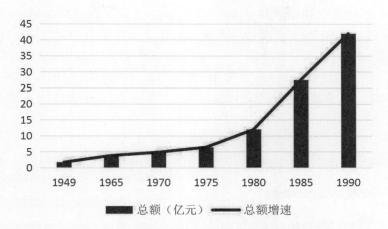

图 3-25 十堰市部分年份国民生产总值统计
（图片来源：何盛强根据十堰各年年鉴整理）

全国 16 个省市及其 100 多个大中型企业的管理人员、技术工人、学生、复员军人、建筑工人连同家属大量迁入，总数高达十万人，并最终奠定了今天十堰市区的人口来源。尤其是 20 世纪 70 年代后，人口呈快速发展趋势（图 3-26）。1971 年，十堰市的人口机械增长率就高达 11%，城市的人口依然在高速增长（1981 年"102"工程指挥部的二、四公司和一公司的一部分人员调往天津，成立"北方局"，一公司主要力量调襄阳，在一、二公司中各抽调部分人员组成新二公司驻武汉，从而导致人口大量迁出）。

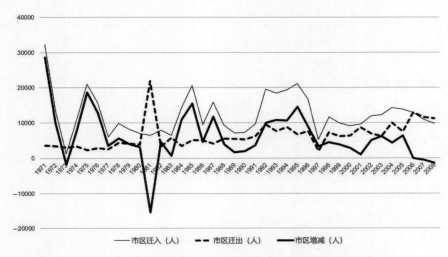

图 3-26 十堰市市区 1971—2008 年人口迁移变动情况
（图片来源：耿旭初根据《十堰市志（1866—2008）》整理绘制）

二汽的投建不仅拉动了城市人口的增长，汽车相关产业的发展在一定程度上为农业人口转向工商业、服务业提供了载体，从而带动十堰的城市化。1965年，十堰市内非农业人口仅为0.05万人。1978年底，十堰市内总人口为29.2万人（图3-27），其中城市非农人口为16.4万人，农业人口为12.8万人[①]。截至1987年底，全市总人口为35.4万人，其中非农人口为25.1万人[②]。非农业占比如图3-28所示。

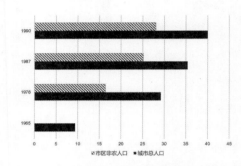

图3-27　十堰市部分年份人口统计
（单位：万人）

（图片来源：耿旭初根据《十堰市志（1866—2008）》整理绘制）

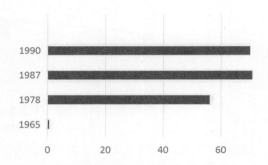

图3-28　十堰市部分年份非农人口占比统计（单位：%）

（图片来源：何盛强根据《十堰市志（1866—2008）》整理绘制）

3.3.3　对十堰配套设施的影响

为支援二汽建设，"102"工程指挥部统率襄阳和郧阳两个地区的民工拓宽老白公路与十郧路，架设丹江—张湾—黄龙的高压输电线路，修建黄龙引水工程，开展二汽土建安装和襄渝铁路等建设。到1982年，"102"工程指挥部共完成市政、公用、园林、环卫、公共和民用建筑等17类266项城市基础设施，为十堰市建设奠定了骨架结构雏形。当时，十堰市民对这一简单城市骨架结构有一个生动形象的概括：十堰市有"十大怪"。

> 山沟里面把楼盖，
> 不分城里和城外，
> 下雨打伞头还歪，
> 工厂里边种白菜，
> 红薯叶子当菜卖，

---

① 根据1981年《十堰市城市总体规划》整理。
② 根据1990年《十堰市城市总体规划》整理。

石头当成黑煤块，
一条街道通老白，
电话没人走得快，
汽车进城要人拽，
来到十堰跳起来。

1983年，为适应改革开放的形势需要，市委和政府决定：一是理顺并健全城建机构；二是城市建设项目纳入国家计划；三是各单位集资共建车城。具体安排市建委担负市政公用、园林、房地产开发、环保等工程建设，二汽负责该厂内部有关建设，财贸、文教部门负责与之相应的网点建设。这一决定符合人民城市人民建原则，也符合改革之下的民意。经过全市各单位八年艰苦卓绝的努力，昔日的"十堰市十大怪"已被新型现代化的汽车城取代。1990年底，全市建成区面积达30平方千米，占全市总面积2.5%，城建总投资近3亿元人民币（不含二汽和市财贸等建设资金）。城市基础设施逐步完善，离不开"102"人的艰苦作业与长期奉献。

十堰建市前，并无道路规划，仅有老白公路、十郧公路以及十房路3条土公路。在二汽建厂的同时，十堰市也开始了城市道路系统的规划与建设。1966—1969年，为支援"三线"建设，省第三工程队配合郧阳行署组织施工，把老白公路修筑为8米宽（红卫至十堰段路宽为9米）的砂石路，新辟了十郧路的西沟口至郧县邓湾码头路段。在此期间，十堰辖区内襄渝铁路线上的桥涵工程也正式动工，而"102"土石方工程团和机运团负责修建二汽总厂内部的厂际道路，以及在老白公路沿顾家岗至花果园的路段上修建各专业厂的厂区道路（含铁路桥）。到1978年已修成主干道11条，次干道7条，城镇间联通路6条，居住（厂）区道路7条，共计74.4千米。进入20世纪七八十年代，市建委和二汽第二修建处在原土路基础上，修建成城市主（次）干道。十堰市交通局新辟南环路和北环路，初步形成沟通乡镇公路网。截至1987年，十堰市城区已建成主要道路20条（图3-29），干道网密度为每平方千米2.0千米；居住区级道路6条（不包括厂区道路），道路总面积达230万平方米。经过建市后二十多年的建设、发展，到1991年底，全市干、支公路、区乡公路、专用公路与城区街道、厂际公路已形成四通八达的公路交通网。公路网以城区为中心，以东西走向的老白公路和南北走向的209国道为十字骨架，以南北环区乡公路环绕市区与其他支线公路相连接。

"102"指挥部除了完成黄龙引水重大工程外，第六工程团还负责在红卫何家沟修建二汽水厂以及在白浪修建白浪水厂。白浪水厂于1972年3月由中南给排水设计院设计，位于马路村7组，占地12540平方米。由基建到设备安装，历时3年，1975年冬季正式供水。

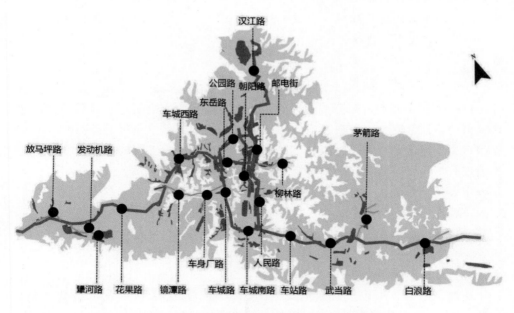

图 3-29　1987 年城市主要道路分布示意图
（图片来源：何盛强绘制）

1969 年底，十堰市成立后，开展大规模城市建设，逐年兴建商业、服务业、文教、卫生、办公用房。至 1975 年，完成的主要工程有五堰商场、五堰旅社（含餐厅）、市招待所、十堰旅社、市妇幼门诊部（五堰）、五堰银行、六堰小学、六堰中学、市师范学校、十堰火车站、市园林场及一批单位办公楼，建筑结构多为砖木结构，层数多为 1~4 层。1976—1980 年，十堰继续兴建各行业、各部门用房。其竣工的主要工程有市东风电影院、四方山电视发射台、市人民医院、邮电大楼、火车站饭店、群众艺术馆大楼等。1974 年春，二汽着手兴建张湾露天会场，该会场最多可容纳 1 万人，用以举办各种大型会议与文艺演出。会场看台依山就势，层层延伸，舞台与露天看台浑然一体、雄伟壮观，成为二汽文艺演出和放映电影的主要场地。

20 世纪 80 年代初，十堰市兴起第三产业热潮，在老虎沟口、十堰火车站等地路旁建一批商业平房。1986 年，在六堰神定河及张湾河河道旁建起临时小商品经营铺面房计 200 余间，长 700 余米。20 世纪 80 年代前期，商业、服务、文教、卫生等用房陆续兴建和扩建，同时还兴建了一些大型公共建筑（图 3-30）。1983 年底，建成市工人文化宫，主楼高 7 层，采用仿古大屋顶样式。1984 年，建成市人民商场，主楼高 3 层，附楼高 6 层，为鄂西北地区最大的商场。1984

年，十堰开始兴建市属第一所大专院校——十堰大学，至 1986 年，两栋教学楼和实验楼竣工。随着城市经济的发展和改革开放的形势，城市各主要地段兴建了一批景点，供市民游览、散步、休憩。

图 3-30　分别是 1984 年建设的十堰人民商场，
1983 年建设的十堰市工人文化宫，1987 年建设的十堰市图书馆，
1996 年建设的十堰市人民广场

（图片来源：第一张来自 https://www.sohu.com/a/227263651_100042297；
后三张来自 https://www.sohu.com/a/413591716_100157697）

20 世纪 80 年代后期，城市建筑向高层、现代化方向发展。1987 年建成的市图书馆高 14 层，内部装修使用大理石、马赛克等材料。同年竣工的二汽体育馆配有微机控制的大型计时记分牌，可变换灯光、组合音响、空调暖通等现代化设施。1989 年，市广播电视大楼竣工，高 16 层，总建筑面积为 1000 平方米。1996 年竣工市人民广场，长 175 米，宽 170 米，面积为 2.95 公顷。广场四周布设有花坛、踏步、柱灯，中间铺设弧形草坪带。广场北部建有圆形音乐喷泉池，面积达 2000 平方米，为全国第二大人工喷泉。池内设喷头 500 多个，由电脑控制，随着音乐旋律的强弱变化，可喷出高低不同、错落有致的各种几何图形，其中心主喷泉高达 35 米，形成雕塑形水柱。

"102"不仅在工业建筑建设方面大展身手，还在十堰市许多公共建筑建设上看到它的身影。"102"积极投身市场，开拓创新，参与了东风影剧场、十堰市图书馆、十堰市体育馆、十堰市博物馆、二汽体育馆等众多工程，为十堰的基础设施建设贡献了重要的力量。

3.4 小结

湖北三线建设是国家三线建设整体布局中不可或缺的重要组成部分，累计投资达到317.13亿元，在此期间，新建、迁建、扩建的项目超过150个，是全国三线建设投资第二大省份[①]。襄渝铁路的修建改变了十堰以往封闭落后的面貌，铁路连通了川鄂陕地区，也奠定了鄂西北山区丰富资源的开发和地区脱贫致富的交通区位优势。十堰作为三线建设时期全国新建四座城市之一，逐渐发展成为蜚声中外的现代化汽车城。但大家更多了解的是二汽，而对二汽的建设者却鲜有关注。建筑业是国民经济的重要物质生产部门，它与整个国家经济的发展、人民生活的改善有着密切的关系。国民经济各物质生产部门所需要的厂房、仓库等建筑物和道路、码头、堤坝等构筑物都是建筑业的产品；工业企业的机器设备也必须经过建筑企业进行安装才能形成最终的生产能力。建筑业在城市化推进中发挥着重要作用，也是经济发展中较为重要的单位。十堰市从1969年大规模施工开始，就步入了城市建设阶段，先厂后城——不仅是十堰市的发展模式，也是"102"的发展印迹。"102"建设者们，"献完终身献子孙"，为这座城市奉献了毕生的年华。"102"建设过程中研发创新的技术，加快了城市建设的速度，改变了以往施工落后的状况，使得城市一幢幢高层拔地而起，城市发展日新月异。"102"的建设成果，类型丰富，促进工业经济发展的同时，也为市民营造了完善的城市环境。"102"作为十堰市的拓荒者和建设者，为十堰成为闻名中外的汽车之城功不可没。"102"前辈们用血汗和智慧铸就了"攻坚克难，开拓进取，对党忠诚，为国奉献"的"102"精神。

---

① 钱运录. 当代中国的湖北（上）[M]. 北京：当代中国出版社，1991.

第四章
移师襄阳与改革转型

湖北工建作为由军队脱胎而生的企业，先后在华北和鄂西北创下"华建铁军""102"金字招牌等伟业。作为一支建筑队伍，一直发扬其强大的开拓进取精神，始终走在时代前列，出现在祖国最需要的地方。作为一家建设企业，顺应时代潮流做出战略调整，于1981年底将总部迁出十堰，并承建了二汽襄阳基地铸造三厂、轻型车厂、襄阳卧龙饭店、襄阳金城大厦等大批工业与民用建筑工程，开启了在襄阳的建设新篇章，继续为地区建设贡献力量。

4.1 移师襄阳与一局襄阳基地建设

4.1.1 出花果，进白洋，支援404工程建设

1971年，"102"四团一营接到军令，将全建制从十堰调往枝江，支援404工程建设，建设部队番号为"5741"。四月下旬，第一批人员抵达枝江404厂，五月底全员抵达。404厂属海军系统，由武汉造船厂与上海浦东造船厂支援建设。除"102"外，还有两个施工单位参与建设，分别是"武建"工程处及江苏江都连。设计由东北工业设计院负责，设计有工业建筑近6万平方米，民用建筑近3万平方米。工业项目包括冷加工区、铸工区、总装配区、库房、供水、变电等项目。"102"四团一营主要负责总装车间等六个车间及附属工程的施工工作，其中工业建筑面积约2万平方米，民用建筑约1万平方米，工期约一年，工厂要求1972年5月1日投入生产。

"102"四团一营先头部队首先面临的问题就是总装车间工艺要求极高，好在"102"四团一营不仅具备施工技术经验，同时有大型吊车及预应力生产的设备工具。在与东北工业设计院的技术人员进行"设计三结合"（建设单位、设计单位、施工单位三方召开技术会议）的过程中，"102"四团一营代表介绍了在十堰时与"102"指挥部机运团技术人员研发的土法吊装方案：采用两台同型号的吊车"双机抬吊"，能解决404厂总装车间的吊装难题，并向设计方保证"只要设计院能设计出来，我们就能施工出来"[1]。"102"四团一营代表施工单位向设计方提出设计意见，得到甲方代表称赞，并感谢军区首长及"102"工程指挥

---

[1] 郭守玉. 变迁——武当山下十三秋[M]. 北京：中国文化出版社，2014.

部的领导派来了技术精干的施工部队,"102"四团一营提出的土法吊装措施解决了他们五十吨柱子的施工难题。

此外,"102"四团一营施工不再沿用二汽建设中"二土一革命"("二土"即土模、土墙,"一革命"为设计革命)的做法,404厂的建设没有进行设计革命。在其总装车间的施工中采取"一土、一木、一天、一地"的施工方案,"一土"指五十吨柱子土法吊装,"一木"指钢筋混凝土预制构件用木模,"一天"为天时,该车间工期为八个月,从基础工程、预制构件制作、预应力结构张拉到结构吊装均为好季度,有利于施工;"一地"为总装车间预制构件均适用地模,既方便施工,又节约木料,且保证质量[①]。

1972年底,"102"恢复原企业建制,根据国家建设委员会和湖北省的决定,将"102"工程指挥部的施工队伍划归湖北省领导,组建为湖北省建设委员会第一建筑工程局(简称一局),主要承揽二汽和湖北省境内的施工任务。第四工程团一营相应改名为"一局一公司第一工程处(简称一公司一处)"。同年,"102"四团一营接到公司密令,转移至襄阳,秘密制定404厂施工项目收尾计划,并不再承接未开工的新项目。依照公司安排,于当年10月份前撤退调往襄阳,承建襄阳市基建、一局和一公司襄阳基地建设。

4.1.2 移师襄阳,古城墙外建基地

1972年8月,当"102"四团一营主力仍在枝江404厂工地进行收尾工作时,一局与一公司两级领导在襄阳饭店召开工作会议,制定了一公司一处未来8年的工作计划。会议中决定今后由一公司一处承担一局襄阳基地的建设任务,总投资一千多万元,建筑面积20万平方米,工期5～8年。湖北省规划设计院负责襄阳基地的总体规划和建筑单体设计,湖北省勘察院负责地质勘测。会议还决定把设在枣阳的木工车间划归一处领导。襄阳市当时有三个建筑公司,但没有建设大型项目的经验,技术素质相对较差,且缺乏技术装备。而"102"有大型土方机械、有汽车、有设备,襄阳市政府非常重视"102"这支技术过硬的施工团队。

1972年6月份,一局开始在襄阳西门外征地,计划修建家属区以及办公大楼,并把大本营设在襄阳市,同时指示第四工程团一营组织一个一百多人的小分队提前开往襄阳西门开展自建工程,并住在襄阳地区农业学校,由一局的基建处直接领导。局办公楼、科研所及住宅楼选址在襄阳南门外古城墙边,南门外西侧另计划建设一所中学及住宅楼,襄阳南渠计划建设一所技校,将西门外

---

① 郭守玉. 变迁——武当山下十三秋[M]. 北京:中国文化出版社,2014.

的一百亩地作为一营的生活基地。一局进驻襄阳后就开始抢建木板房生活基地。1972年国庆节前，65栋活动板房已经顺利运到西门外的空地上，早期到达襄阳的先头部队已将木板房搭建好。1972年10月份，"102"四团一营全建制从枝江404厂工地迁入襄阳，住入工程局分配的木板房，这也是一局在襄阳最早的生活基地。

在木板房基地建设完成后，公司开始着手修建一局襄阳基地，完成一局襄阳基地六个区域的建设，其中城区建设项目完成五个区域（图4-1）：第一个区域为西门外的老龙堤生活小区，第二个区域为南门口东侧的办公大楼、科研所及住宅楼，第三个区域为南门口西侧学校及住宅楼，第四个区域为胜利街住宅小区一期工程，第五个区域为南渠医院及住宅楼。一局在襄阳城区外参与建设大鼻寺沙滩地，因大鼻寺沙滩地距城区较远，没有城市道路通达，在当时被称为"大西北"。

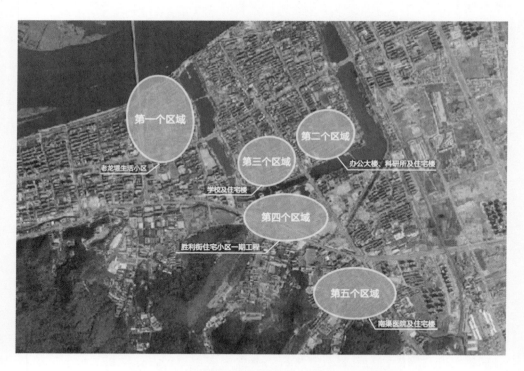

图4-1　一局襄阳基地城区内5个建设区域的分布

（图片来源：耿旭初绘制）

(一)襄阳初战,老龙堤工程百日会战

1972 年底,经过半年多的准备,一局一公司具备了开工建设襄阳基地的条件。一局襄阳基地的一期工程为位于襄阳古城墙西门外的老龙堤住宅小区建设,包括二十栋家属楼、一栋学校。一期工程建筑面积为 3.5 万平方米,投资 220 余万元。住房设计有一室一厅、两室半厅、三室一厅三种形式,分户建筑面积为 30 平方米、50 平方米、70 平方米,图纸标号"住四""住五""住六"三种形式。老龙堤住宅小区是一局一公司在襄阳的第一个大工程,也是在襄阳地区的第一个住宅小区。

老龙堤住宅小区采用"会战"的形式展开,1972 年 10 月上旬,现场准备工作就绪,一公司一处也划定好施工区域,各施工队负责各自施工区域的施工组织。会战的主导工序为瓦工,以施工队为单位,每个施工队负责四栋楼房的土建施工,每两栋楼房部署一个瓦工班,每两栋楼房分四个流水段施工。预制车间按照施工组织设计中的预制构件分栋、分层、分段供应,计划生产。枣阳木工连在这场会战中也发挥了重要的作用,连队按照工程编制木门窗分层、分栋供应计划,安排生产,创出了月产 2000 多平方米的生产任务。正是因为有严密的施工组织安排,老龙堤住宅小区工程"百日会战"在 1973 年春节前期按时完成,这离不开材料供应部门、汽车运输部门以及五七家属连的密切配合。

1973 年上半年,国家建委正式召回正在十堰红卫片区五个专业厂参与施工的"北京三建"全建制队伍。一处除留第一施工队在襄阳继续完成老龙堤生活小区的建设任务,其余主力"二进山城",从襄阳调回十堰,完善二汽二〇厂、二一厂、二三厂、二四厂、六〇厂五个专业厂的基建任务,并按计划进行质量返修,力保专修厂按计划竣工投产。

(二)重返襄阳,"城南大会战"

从 1973 年 5 月重回十堰红卫片区,随着一处出色完成五个专业厂的新开配套工程及总装备车间的质量返修,1975 年,一处重返襄阳,继续建设一局襄阳基地。并开展了"城南大会战"(又称"五月会战"),主要是修建 24 栋住宅楼的基础,即"砌毛石大会战"。会战共分四个"战场",分别为襄阳城墙南门口西侧 4 栋、南门口东侧 5 栋、胜利街 11 栋、南渠医院 4 栋,共计 24 栋。这些"战场"都在城南,故称"城南会战",工期 40 天。整个会战由三个施工队负责,每个施工队负责 8 栋。基础大会战的原则是以施工队为独立作战单位,由施工队自己组织。当时施工难度是基础所需的 1200 多立方米片石很难运进基地。为了解决这个问题,材料组在郊区人民公社雇来了 50 多部手扶拖拉机,在

场地平整完后，就按各工地的基础施工所需，开始将片石运输进场。基础大会战用了一个多月的时间就完成了，为上部结构施工创造了条件。

一公司一处经过反复推敲后，把南门口西侧场地作为一公司一处的办公生活基地，并抢建4栋住宅楼。当时的4栋住宅楼均为四层楼，每栋3个单元，共12个单元，可住96户，建筑面积达9800平方米。南门口西侧的办公生活基地成为一公司一处在襄阳的住宅区。

（三）胜利街一期工程会战

胜利街位于襄阳古城南门外西侧，护城河的南岸。胜利街生活小区是一局襄阳基地的第二个生活小区，一期工程包括11栋住宅楼，在1975年12月份顺利结束。一期工程的11栋住宅楼为五层砖混结构，楼房有4种房型，每栋楼房多为5个单元，共约60个单元，可居住600户居民。

住宅楼采用了预制构件，品种多，数量大。一个单元使用了空心板、槽板、平板、厨房搁板、踏步板五种预制板，以及过梁、阳台梁、挑梁三种梁。"三梁五板"有24种型号，这些预制件的生产和管理都需要技术过硬的队伍来组织。当时这些预制件依靠构件厂的配合才得以顺利生产。在科学的计划管理下，施工队伍平均每天吊装一层楼板，主体结构工程共需60个工作日。胜利街生活小区一期工程在1975年8月20日正式开工，至10月20日主体结构完成，共60天。而到12月10日，共计100天，11栋楼房除室内抹灰与地面工程外全部完工（图4-2）。

（四）承接襄阳市电子管厂工程

襄阳南门外有一个电子管厂，又称半导体厂，附属工程有冷机房、气瓶库、锅炉房、冷却塔、中和池及职工宿舍，建筑总面积为9000平方米，被列入襄阳市重点工程。该电子管厂欲建一个净化车间，市建公司承担基础施工。因车间技术先进、工艺复杂、净化程度要求较高，地方公司无法承担，项目交由一局承担施工。

襄阳市电子管厂集成电路车间面积为3458平方米，投资120万元，每平方米造价标准为350元。车间为二层砖混结构，室内装修标准高。因是净化车间，施工技术高，不适宜组织会战，施工过程中需要铺硬塑料地面，裱糊高档塑料墙纸，使用高档不锈钢吊顶及不锈钢墙面等特殊材料，一局决定将已承担一局基建安装任务的安装公司二处全建制迁往襄阳南门外胜利街，配合电子管厂施工。

图 4-2 胜利街一期住宅工程"102"家属院

(图片来源：刘则栋拍摄于 2020 年)

（五）南门口的办公楼与学校建设

一局办公大楼与襄阳基地子弟学校位于城墙南门口，襄阳基地子弟学校工程位于南门外西侧的古城墙下，与东侧办公楼呈对称分布。一局办公大楼面积达 5346 平方米，为五层砖混结构，内走廊式，外墙多为清水墙，沿街面为水刷面，装修标准高（图 4-3）。

图 4-3　一局原办公大楼

（图片来源：郭迪明拍摄于 2004 年）

襄阳基地子弟学校由中南设计院设计，一局科研所在此基础上进行了修改。襄阳基地子弟学校工程建筑面积达 2600 平方米，为四层砖混结构，平面呈"L"形，由 20 个教室、办公室、实验室等组成，造型较美观。按照包头会战经验，学校工程施工制定了"一个领先、两个跟上、三个并举、四个一起完"的方案。"一个领先"为开工前全部混凝土预制构件、木门窗、铁件、白铁件，一律按设计要求领先制作完成；"两个跟上"是楼梯间、厕所间跟上；"三个并举"是主体与室内外抹灰并举，吊装与地面工程并举，屋面工程与外装修并举；"四个一起完"是屋面与楼地面一起完工，外墙装修与室内装修一起完工，门窗组装与玻璃油漆一起完工，土建与安装一起完工[①]。

---

① 郭守玉．变迁——武当山下十三秋［M］．北京：中国文化出版社，2014．

4.2 湖北工建在襄阳市的建设实践

湖北工建在襄阳市的建设实践众多（表4-1、图4-4），从20世纪70年代的襄阳预制构件厂专门为各地工程建设配套服务，一直到20世纪80年代承担二汽襄阳基地铸造三厂等工程的建设。同期，坐落在襄阳的湖北省工业建筑学校开始在包括内蒙古、新疆在内的全国十九个省市和自治区招生，从建校至今，40年风雨兼程，培养了数以万计的建设类工程技术专门人才，为襄阳乃至行业发展提供人才保障。

表 4-1 湖北工建在襄阳早期的重点建设工程举例

序号	工程名称
1	预制构件厂
2	二汽铸造三厂
3	二汽襄阳基地
4	湖北省工业建筑学校
5	二汽襄阳管理部大楼
6	二汽襄阳金融大厦
7	襄阳市财税贸易学校教学实验楼
8	襄阳铜板纸厂高光纸车间
9	襄阳卧龙饭店
10	襄阳市人民政府一号办公楼
11	襄阳醉仙居酒楼
12	襄阳金城大酒店
13	襄阳前进市场
14	襄阳车轿厂教学实验楼
15	神龙富康轿车总装厂
16	襄阳拖拉机厂
17	襄阳烟草大厦
18	襄阳鼓楼商场
19	襄阳新华市场

表格来源：湖北工建提供。

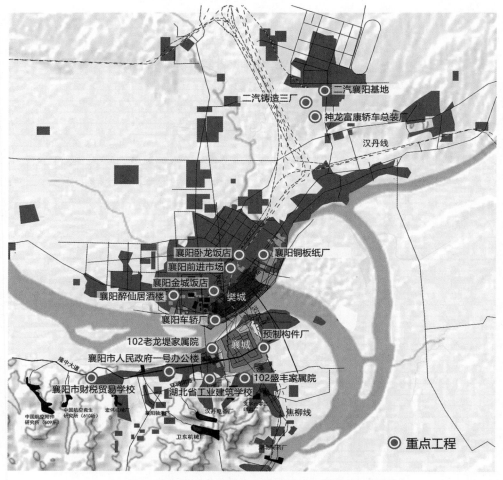

图 4-4　湖北工建在襄阳早期的重点工程空间分布示意
（图片来源：耿旭初绘制）

4.2.1　引进预制构件技术：预制构件厂

湖北工建原一公司在襄阳市建有专门生产混凝土预制构件的"预制构件厂"，为前方工程配套服务。该厂位于襄阳市东门外庞公乡大别寺，占地面积为 5.33 余公顷。该厂的规模与面积虽小，但对襄阳地区的建设如二汽襄阳基地、襄阳城建和重点国防工程都做出了积极贡献[1]。

---

[1] 郭守玉. 变迁——武当山下十三秋 [M]. 北京：中国文化出版社，2014.

(一)襄阳地区最早的构件厂

1969年建设二汽之初,一公司联合加工厂根据自身的发展需要,进行了两厂分家。留在十堰花果的老厂仍叫联合加工厂,分到襄阳处的叫预制构件厂。襄阳预制构件厂,生产基建工程所用的各种混凝土构件,在生产计划上按一公司一处的委托组织生产,并满足一处的施工计划要求,预制车间在生产上接受一处的领导。

构件厂以年产空心板4万平方米为依据建设,同时考虑在襄阳地区能承担地方用的预制构件。以长线法生产预应力构建的台座,装有龙门吊车并有蒸汽养护坑、振动台、锅炉房、配电间及构件堆放场,可生产空心板、槽形板、门窗过梁、装配式楼梯间构件、各种盖板、屋面挑梁、天沟、隔热板、泡沫混凝土保温板、6米跨空心板及预应力大型屋面板等工业建筑用板。此构件厂建成后,成为襄阳地区最早的构件厂。

为尽快形成生产能力,一处动员全厂广大职工,像建二汽一样把蒸汽锅炉、养护坑、震动台、搅拌站、一台桥式吊、两台龙门吊、一台塔式吊立起来,然后再把配套的水泥库、砂石堆场、构件堆场、维修车间、钢筋加工车间和职工食堂及一楼四层的办公宿舍楼盖起来。不到半年时间,建设顺利完工,从此就开始了一处在襄阳地区的批量生产。

(二)服务襄阳重点工程

襄阳预制构件厂于1982年开始建厂,1984年投产,主要为二汽襄阳基地铸造三厂、转型车厂、卧龙饭店、金城大厦、鼓楼商场、新华市场、二汽襄阳基地管理部大楼、二汽襄阳金融大厦、二汽襄阳发电厂、湖北化纤厂的热电厂、襄阳水泥厂等重点工程提供服务(表4-2)。

表4-2 1985—1997年襄阳预制构件厂主要服务工程项目

年份	项目位置	具体厂房	面积	产值
1985年	老河口市	标准件厂冲压车间(24米跨的预应力混凝土屋架的制作)	13000多平方米	1150多万元
1986—1988年	陈家湖	襄阳县混纺厂	12000平方米(实际完成14000平方米)	600多万元

续表

年份	项目位置	具体厂房	面积	产值
1987—1989 年	襄阳县黄集镇	国家航天工业部 610 航天卫星实验滑轨架 249 根	混凝土量 10000 立方米	400 多万元
1991—1993 年	襄阳市	漳河重型机械厂的工业厂房	10000 多平方米	500 多万元
1992—1994 年	襄阳市	江华机械厂 24 米跨度的安装车间	7900 平方米	800 万元
1994—1996 年	襄阳市	二汽三号路外网土建工程	—	1400 万左右
1994—1997 年	宜城市	华光器材机械厂工业厂房	30000 平方米	近 2000 万元

此外，为提高经济效益，为襄阳市建设多做贡献，预制构件厂还成立了自己的打桩队、吊装运输队，使内部的工作不求外援。自开拓了建安项目之后，产值上升、经济效益提高，这在一定程度上改善了职工生活。经过七八年的艰苦努力、拼搏奋战，预制厂对整个襄阳地区的重点工程做出了不可磨灭的贡献，各工程处所承担的建安工作量 90% 以上由预制厂完成。多项产品被省、总公司评为优良产品。1988 年被评为湖北省一级构件厂，1993 年混凝土预制产品产量在襄阳市名列第一，产品质量曾连续三年被公司、总公司评为"产品优胜单位""产品信得过单位"。

（三）办厂方针治厂精神

自省混凝土协会成立以来，预制构件厂一直是龙头企业。该厂的治厂精神和治厂方针是立足大别寺、开辟新工地、产品打入市场、信誉名扬社会。

预制构件厂在"以人的因素第一，以生产经营为中心，以加强管理为基础，以提高效率为目的"的办厂方针思想指导下，在 1983—1987 年的 5 年，为襄阳地区大规模建设生产出大量品质优良的混凝土预制产品。虽然在改革开放初期，预制构件厂开始面临产值低、成本高，管理体制、思想观念不符合改革开放的需要等问题。在这种情况下，厂里果断决策，要大胆改革，开拓进取，大搞多种经营，既搞民用产品，也搞工业厂房，既立足厂内，又要发动职工对外承揽任务。这样一来，不仅解决了厂内一部分人员的就业问题，还扩大了生产，增加了收入，拉活了经济。这个决定得到了公司的大力支持和广大职工的认可，公司还配备了少数工程技术人员和土建设备。经过几个小项目的试点和多项施工程序的运转，产品质量符合技术规范的测验，该厂可以大批量地承接建安任务。

4.2.2 承接施工机械修理与制造：枣阳机械修配厂

（一）创建与历史沿革

"102"工程指挥部机械修配厂，又称"102"机修厂。根据1969年12月20日中国人民解放军建筑工程部军事管制委员会军建管（69）后字196号《关于102工程指挥部新建工程机械修配厂问题》和1970年4月23日红卫地区建设总指挥部红建（70）后字第67号文件《关于建筑机械修配厂总平面设计意见的报告》，以及武汉军区国防工业办公室工办（70）字194号文件的精神（图4-5），"102"机修厂于1970年在现今湖北省枣阳市孙洼村组建，主要承担"102"指挥部系统各工程公司的大型机械修理、机械配件生产、小型机械制造，为二汽施工现场服务。

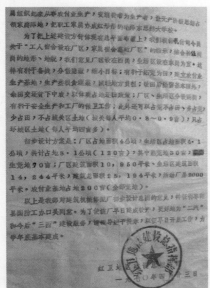

图4-5 "102"机修厂建设批文文件

（左图为1970年4月23日红卫地区建设总指挥部红建（70）后字第67号文件《关于建筑机械修配厂总平面设计意见的报告》的第二页；右图为1970年5月14日武汉军区国防工业办公室工办（70）字194号批文：同意红卫地区建设总指挥部关于"102"工程指挥部建筑机械修配厂的总图布局方案）

1969年8月25日，建筑工程部军事管制委员会决定调配原沈阳建筑工业学校师生组建机械修配厂。尔后原北京建筑技工学校师生、基建工程兵21支队部分人员、湖北松滋招收的一批复转军人、京沈两校招收的学徒工等相继调进机修厂，职工人数高达1100人。1973年，京沈两校职工大部分调回原校，随着上级名称的变化，"102"机修厂改名为湖北省第一建筑工程局机修厂。1980年，机修厂更名为湖北振动器厂，此时的湖北振动器厂是建设部生产建设机械产品的定点厂商。1993年，振动器厂更名为湖北工程机械厂。伴随改革开放的深入，机修厂打破单纯机械修理的生产格局，向建筑机械制造发展，产品行销国内外。2008年，机械厂改制为湖北工建参股的民营企业，名称变更为湖北众利工程机械有限公司（图4-6）。

图4-6　机械修配厂建制沿革

（图片来源：耿旭初绘制）

（二）选址布局与施工建设

机修厂选址在枣阳，枣阳在联系武汉市与鄂西北地区的线路上扮演着重要的角色。"102"机修厂选址于枣阳，最重要的是出于交通方面的考虑，"102"机修厂修建之初的任务主要是负责维修建筑机械设备，协助二汽早日建成投产。在二汽建成后，该厂可能会继续服务河南、湖南等地的三线建设。枣阳位于湖北省西北部，往西经汉水或汉丹铁路、襄渝铁路可直达十堰，为二汽服务；往北经汉丹铁路、焦柳铁路，可直达河南的唐河、平顶山等地。平顶山是中部地区重要的产煤重地，可为工厂提供丰富的煤炭资源，服务于工厂的生产生活；向南通过焦柳铁路，经过钟祥、天门等地，可直达湖南的常德、娄底等三线建设地区。交通位置优渥，能够最大限度满足"102"的建设任务。枣阳所处的位置既远离了较为繁华的都市，避开敌人的视线，又能够拥有较为便捷的交通，方便厂区开展工作。

机修厂作为机械制造和修理单位，各个车间之间工艺联系比较紧密，但在当时备战备荒的背景下必须进行分散布局。因此，机械厂在远离枣阳市区的山岗荒地，将生产区和生活区分别布置在两个岗地之上，做到生产生活区分离的同时又可以紧密联系，总体呈现为"两岗分立，有机联系"的布局形态（图4-7）。

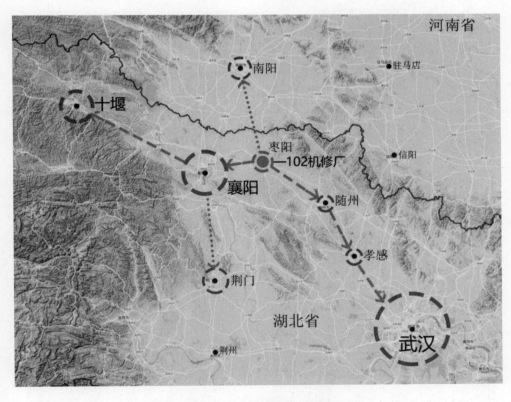

图 4-7 枣阳区位分析示意图

（图片来源：杨素贤绘制）

1970年4月3日,在红卫地区建设总指挥部红建(70)后字第67号文件《关于建筑机械修配厂总平面设计意见的报告》(简称"意见")明确了总平面设计任务。"意见"指出,要在湖北省枣阳县袁庄公社孙庄大队,建立起一个占地面积为22.2公顷,以工厂内生产制造中小型机械及其配件和现场修理大型机械为主,为"二汽"建设服务的军工厂。"工人宿舍在厂区,家属宿舍靠近厂区"的设计原则,将家属宿舍和工人宿舍分离设置,直接影响了整体生活区的规划布局(图4-8~图4-10)。其中不乏关于"厂区、生活区分设两岗利于安全生产""占荒不占地"等明确厂区整体分区原则的指示。

图 4-8　机修厂鸟瞰图

(图片来源:谭刚毅拍摄于2020年)

图 4-9　生产区鸟瞰图　　　　　　　**图 4-10　生活区鸟瞰图**

(图片来源:谭刚毅拍摄于2020年)　　(图片来源:谭刚毅拍摄于2020年)

机修厂的生产区整体规模较大，以生产为核心，主次分明。基于备战的考虑，其选址时依照"靠山、分散、隐蔽"的方针，生产区的西北方向就有一小丘。同时受到地形地貌影响，为了尽可能减少土方工程量，多顺应地形布置厂区，整体布局灵活，且每个车间方位与西岗的地形有着较为自然的结合。整个厂的空间模式主要由生产区和生活区两大部分构成（图4-11），前者是办公管理和工业生产的区域，后者是职工日常生活、居住和游憩的区域。

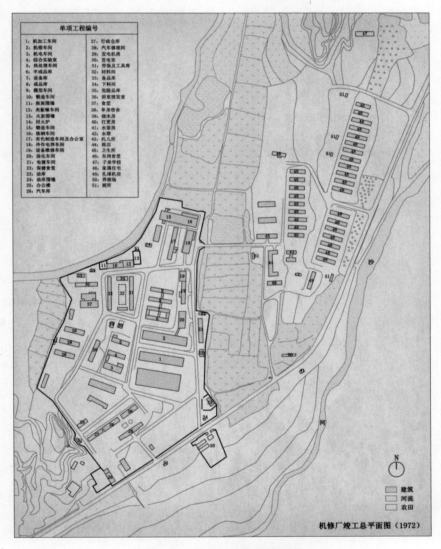

图 4-11　机修厂总平面竣工图

（图片来源：湖北工建提供）

第四章　移师襄阳与改革转型

"102"机修厂总平面布局主要划分为三个层级(图4-12)。从宏观的层面上来讲,在第一层级可以将"102"机修厂的空间布局划分为三区:生产区、生活区和农副业基地。第二层级中,生产区可以分为厂前空间(图中不单独描述)、生产空间和后勤空间,厂前区位于主入口附近,是单位的形象代表,占地面积较小,主要由办公楼、广场和配套的景观设施构成,建筑和场地布局呈现中轴对称的特点。"102"机修厂的生活区是为职工提供居住和生活服务功能的部分,通常可分为居住空间、公共服务空间和文化教育空间。公共服务区通常位于生活区中心或沿主要街道进行布置。而住宅区内还可以依据人群性质不同细分为单身宿舍、家属楼、老年楼等,甚至根据职工工种和职务进行分区分栋,这是大院内部空间的隐性秩序。农副业基地可以划分为农业和副业。第三层级是在第二层级的基础上具体划分内部的功能用地,例如:生产区后勤空间里的理发室和浴室,生活区文化教育空间里的子弟学校,还有农副业基地里副业中的养猪场等。

自1970年起,生产区开始有规模地分点进行建设,直至1972年12月底,生产区整体建设基本完成。生产区内部共建成机加工车间、机钳车间、机电车间、热处理车间、模型车间、锻造车间、夹板锤车间、炼钢车间、有色制造车间、冷作电焊车间、设备维修车间、油化车间、电镀车间等15个主要车间,及成品库、半成品库、设备库、回火炉等配套车间。生产区内部还配套有行政办公、行政仓库、汽车库、保健食堂、食堂、发电室、浴室理发室、单身宿舍、烧水房等19座后勤配套设施建筑(图4-13)。

由于生产区与生活区两岗分离,为了进一步加强生产和生活之间的联系,生产车间集中布置在生产区西北的位置,有利于缩短生活区中的工作人员进入生产车间的距离,提高进出效率(图4-14)。

机修厂虽然占地不大,但是生活区内部配套齐全,是一个完整而独立的单位空间。因生活区用地有限,路网根据地形灵活调整,划分出的地块相对不规则。各地块中的住宅建筑则多为行列式布局,很少形成合院院落和街坊(图4-15)。这样的做法可以提高容积率,同时将有限的用地为尽可能多的职工提供住宿。在三线建设时期,尽管物质生活并不富裕,但1972年机修厂仍在东岗的荒地之上仍然建立起了3列共28栋家属住宅楼。这28栋家属住宅楼组成了在东岗生活区内的居住空间。同时在生活区内配套建有商店、水塔、卫生所、东岗食堂、学校等一系列齐全的公共服务设施,构成了生活区内部的公共服务空间。

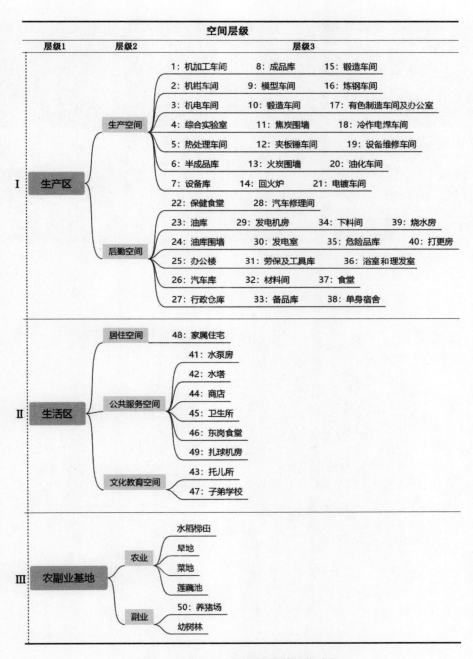

图 4-12 大修厂空间环境及其层级分析

(图片来源：李登殿绘制，工程编号及位置参见图 4-11)

图 4-13 生产区现状图片

(图片来源:谭刚毅拍摄于 2020 年)

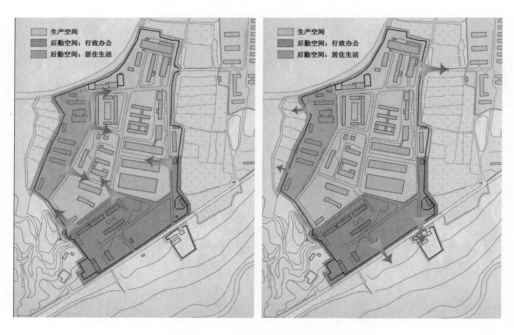

图 4-14 厂区工作人员进出路线示意图

(图片来源:刘则栋绘制)

图 4-15　机修厂生活区现状鸟瞰图

（图片来源：谭刚毅拍摄于 2020 年）

（三）技术支援，服务地方

1970 年，机修厂的战士和民兵们，大力推广地模与"干打垒"先进经验，因陋就简，自力更生，芦席棚里"闹革命"，在石料、石灰、土坯等严重不足的情况下，为了满足尽快建厂、尽快生产、尽快出产品的要求，全厂 7 个连的干部、战士和民兵们，齐心协力，团结战斗，克服重重困难，在东西两条荒岗上，建起了简陋的"干打垒"式车间、库房以及住宅平房（图 4-16、图 4-17）。

图 4-16　1971 年五七机修厂修建的第一批"干打垒"办公楼

（图片来源：杨素贤拍摄于 2020 年）

第四章　移师襄阳与改革转型

图 4-17 机修厂库房

(图片来源：杨素贤拍摄于 2020 年)

建厂初期，工厂主要生产红卫地区建设总指挥部和二汽建设急用的车床、刨床、磨床、铣床等各种机床和机床配件，以及负责红卫地区建设总指挥部系统各单位的各种机床和机床配件的维修，服务于红卫地区建设总指挥部所属二汽各专业厂以及"102"工程指挥部下属的各个兄弟单位（图 4-18）。在 1971—1973 年，均实现年产各种机床和机床配件 500 台/套以上。为了赶制二汽红卫地区建设总指挥部急用的机床设备，全厂灯火通明，职工加班加点，人歇机不歇，人停机不停，厂内设备 24 小时运转。为了修复二汽红卫地区建设总指挥部急用的机床设备，员工能在一声令下星夜奔程，赶赴十堰。

原沈阳建筑工业学校师生和原北京建筑技工学校的师生们，作为二汽建设幕后的技术支撑，他们各有所长，各尽其能，服务于二汽建设。一切行动听指挥，只要工作需要，"召之即来，来之即干，干则干好"，为二汽建设做出了积极贡献。他们身处极端艰苦的工作环境和生活环境，舍弃了舒适的城市生活来到了曾经是满目荒野的乡村，以他们的心血、智慧和汗水，白手起家，艰苦创业，在很短的时间里建造起了适应生产需要的工厂。他们用自己的满腔热血，为国家的三线建设，为国家的二汽建设，写下了壮丽的诗篇。

图 4-18　1972 年 5 月 22 日第二汽车制造厂建设总指挥部
《关于批复五七机修厂 1972 年度生产计划的通知》（72）供基字第 13 号

4.2.3　助力汽车工业建设：建设铸造三厂及二汽襄阳基地建设

伴随着改革开放，二汽的决策者开始谋划企业发展的长远大计。经过缜密的论证与反复的选择，决策者们将目光投向拥有区位优势的襄阳，计划在这里兴建二汽第二基地——襄阳基地。为了解决铸造这一影响生产能力提高的瓶颈问题，当时的二汽领导们经反复研究，决定建设新的铸造厂，铸造三厂因此成为襄阳基地率先破土动工建设的工厂（图 4-19）。二汽襄阳基地的建设赋予了襄阳一个千载难逢的发展机遇，一局一公司也紧跟时代建设的步伐，将施工业务向襄阳基地扩展，先后参与了铸造三厂与二汽襄阳基地的建设。

图 4-19　第三铸造厂动工建设现场

（图片来源：《筑梦车城》）

（一）选址历程

1. 选址背景

二汽作为特大型企业，其工程设计都是经过严格科学计算与专家反复论证得出的，并适应生产和设备所需的环境条件。二汽的设计方案也是历经各级检查验证，最后由中央批准定案的。按照原来的设计，二汽的铸造能力可达 20 万吨，完全满足二汽自身生产需要。但是在实施中，原来的设计方案被认为"贪大求洋"，不符合"自力更生、艰苦奋斗"的要求而被推翻，原计划 20 多亿元的投资被压缩到 9 个多亿，相当数量的工艺设备、水、电、路、桥、涵洞、防洪设施、动力设施、后方研发基地等被强行减掉。其中铸造一厂和铸造二厂生产车间由 10 个削减为 7 个，造型线由 16 条削减为 12 条，10 吨工频炉由 21 套削减为 16 套，铸造二厂建筑面积削减了 40%，二汽的铸造能力被大大地削弱。二汽步入大规模正式生产后，铸造成了影响生产能力提高的主要瓶颈。

1978 年 1 月 10 日，时任副总理的李先念视察二汽，了解到二汽的实际困难后，一次批给了二汽 5300 万美元外汇，作为引进铸造及其他关键设备的经费。1979 年 8 月 20 日，二汽向一机部上报了铸造扩建工程的计划任务书，详细分析了二汽铸造生产达不到设计能力的原因。一机部于 1980 年 3 月 3 日在一机计字 314 号《关于二汽铸造扩建工程计划任务书的批复》中明确指出，为解决造成二汽十万辆生产能力中铸造薄弱环节的突出矛盾，同意对铸造厂进行扩建，并同意先搞铸造厂扩建工程的土建工程，配套安装一条进口高压造型线，其余工程后续再建。

1980年1月3日,国家计划委员会、国家经济委员会、国家基本建设委员会签发正式通知,确定二汽为国家"缓建"项目。同年1月25日,二汽《关于自筹资金、量入为出、分期续建二汽的请示报告》报送湖北省委、一机部党组,且报送国家计划委员会、国家经济委员会、国家基本建设委员会、财政部、国家物资总局(以下简称三委、两部、一局)。同年2月8日,国家三委、两部、一局联合向国务院报告,拟同意二汽的请示报告,二汽基本具备了进行全方位发展的条件。二汽要大发展,但当时二汽的铸造能力不足,这成了明显的瓶颈。要扩大铸造能力,就必须兴建更大的、更具可持续发展条件的新厂区。于是,铸造三厂与二汽第二基地的建设被提上了议事日程①。

2. 选址经过

二汽铸造扩建工程(简称"铸扩")从1978年酝酿到1983年3月,确定在湖北省襄阳县油坊岗建设铸造三厂。历经5年,3次初步设计,3次选厂址。在整个实施过程中,贯彻建设一个亚洲高水平、中国汽车工业铸造中心的设计思想,充分发挥4条高压造型线的优势,把铸造三厂建设成为能够适应中国现代化建设,满足汽车工业大发展的要求的厂。

十堰二汽地处偏远山区,缺乏依托。随着发展逐步走向正轨,十堰二汽发展面临交通不便、场地受限、信息不灵、资源短缺的矛盾日益突出。同时,在"文化大革命"的影响下,铸造一厂、二厂建造的铸造能力未能达到原有的设计要求。1980年10月,二汽在十堰市开工建设的铸造三厂受到发展环境的严重制约,二汽厂长黄正夏下定决心跳出十堰山区来襄阳建立二汽襄阳基地。在选址上,铸造三厂不再将备战备荒作为决定性因素,新基地选址主要从地理、交通、人文、通信、社会环境等方面考虑。

筹备组从铸造一厂、二厂、工厂设计处抽调有经验的设计人员,总厂相关的副总工程师,有关处、厂领导以及工艺、总图、土建、勘测、供电、防洪、给排水、运输、经济等专业技术人员组成选址小组。1982年6月,选址小组通过到谷城县黄土康、胡家集、大峪桥和襄阳县张湾区魏庄公社油坊岗、黄龙观、肖湾等多个地方实地考察,经过逐点踏勘,最后选定在油坊岗、马棚、肖湾三地进行比较。

第一次选址:开始对于铸造三厂的厂址选在十堰还是外地,意见很不统一。有人认为应该选在十堰,这样的话铸造三厂离其他工厂近,也便于运输和调度,

---

① 中国人民政治协商会议,湖北省十堰市委员会文史和学习委员会.十堰文史[第十四辑];三线建设·二汽卷(上)[M].武汉:长江出版社,2015.

但十堰属于山地，已经很难找出建设工业化大厂的平地，因此也有人认为，从长远来看，二汽未来的发展是要跳出十堰的，不如未雨绸缪，提前把铸造三厂建在一个适合二汽更大发展的地方。1980年，铸造三厂项目确定后，二汽于10月29日成立了铸造三厂筹备组，开始选择厂址。筹建组在二汽党委的领导下，经多次现场踏勘，收集资料，比较方案，最后提出柏林、郑家湾、余家湾、马路坑4个方案。经过全方位调查后，筹建组认为：柏林方案的铁路专线工程艰巨，郑家湾的地质条件不能满足建厂要求，余家湾占农田多，土石方工程量大，马路坑开发的各项成本远超预期，二汽自筹资金恐无法承担，再加上交通条件所限，定会削弱产品竞争力。厂领导和筹建小组决定第二次选址。

第二次选址：1982年1月至4月，筹建组在十堰周围到丹江口一带察看，提出秋树湾、密沟、顾家岗、郑家湾4个厂址，分别向黄正夏、孟少农等领导汇报。经分析认为，十堰周围很难找到能够建设大型现代化铸造厂的地方。更重要的是，如果铸造三厂建在丹江大坝的下游，一旦大坝出了什么问题，整个厂都会遭到"灭顶之灾"。世界各国在建设大的工程项目时，一般都会回避紧挨着大坝下游的地方。为二汽长远发展考虑，总厂领导决定到山外选址。

第三次选址：定址油坊岗。1982年5月至7月，选址小组首先来到谷城一带察看。谷城一带的选址方案（黄康、胡家集、大峪桥）都有一个共同的缺点——建设用地面积不足。可当时二汽已经有了生产8吨民用载重车和把整体生产能力提升到20万辆的计划。如果想在谷城建设一个大基地，未来的用地扩张将会受到严重影响。选址小组认为应该要把眼光放宽一点，到襄阳一带建厂，这样二汽会有更大的发展前途。黄正夏敏锐地感觉到，"这个方案有前途！襄阳有可能会是二汽的未来！"当时的襄阳地区领导极力主张建在肖湾，可肖湾首先就被选址小组排除了。主要原因是此处土壤属于膨胀土，地基处理很困难，厂房质量无法保证。马棚是第二个被排除的。虽然这里地势平坦，地方广阔，而且紧靠汉江，取水方便，铁路就在旁边，交通也不成问题，又紧挨着襄阳市，看起来是个建厂的好地方，可它存在的问题也不容忽视：首先就是地势较低，而铸造厂最怕的就是水，一旦被淹后果不堪设想，更重要的是，这里是大片的高产水稻田，要把这么多良田毁掉建厂房，既不现实，也无必要。而且这与国家"大型经济建设要少占或不占良田好地"的方针政策也不相符。最终双方达成一致，即选择在襄阳县张湾区魏庄公社油坊岗建立二汽襄阳基地。油坊岗交通便利，土地瘠薄，地势平坦开阔，有发展空间，没有水淹之虞。1982年6月17日，黄正夏亲自到襄阳地区查看二汽襄阳基地选址，并提出整体布局与建设方案。按照二汽襄阳基地整体发展规划，当时总控制规划土地面积为一万亩。首先以铸造三厂由十堰迁入襄阳基地为起点，同时由二汽工厂设计处、铸造三厂筹建组勘察襄阳县油坊岗为新厂址,更改在十堰的厂址,以作技术准备[①]。

1983年1月11日,省建委以鄂基(83)008号《关于第二汽车制造厂铸造扩建工程厂址选定的意见》报国家基本建设委员会,同意油坊岗方案作为省定方案。1983年1月20日,机械工业部致函国家经济委员会,认为油坊岗各方面条件较好,有利生产和发展。1983年1月31日,国家经济委员会以经基(1983)80号《关于第二汽车制造厂铸造扩建工程更改厂址的批复》批准第二汽车制造厂铸造厂在油坊岗易地扩建,并指出"原设计纲领不变,对原扩初设计进行必要修改,请机械工业部审定并上报备案,有关征地等前期工作可以进行"。1983年9月14日,二汽向中汽公司、一机部等领导机关呈报了《关于请批准第二汽车制造厂襄阳厂区远景发展规划图的报告》。报告提出二汽将在目前已经批准的铸造扩建工程和汽车试验场的基础上,在襄阳建立二汽的新厂区,作为发展8吨载重车和几种军用车的生产基地。

(二)铸造三厂建设

1983年8月21日,铸造三厂在襄阳县油坊岗南侧的田野上破土动工,平整场地。随着铸造三厂的建设开工,二汽第二基地建设正式开始[②]。1984年10月5日,二汽在铸造三厂建设工地举行襄阳基地奠基典礼(图4-20~图4-22)。铸造三厂的设计与建设分两条线开展:一条线是基建施工管理人员重点在襄阳油坊岗基地负责征地工作、"三通一平"和施工准备;另一条线是设计人员在十堰负责工艺设计、施工设计、配合非标设备委托设计和设备订货、进口自动线临时安装调试。

建设者深感发展我国汽车工业的重担在肩,创业无比光荣。经过建设者三年的奋力拼搏,铸造三厂于1987年竣工。建设过程中,职工住宿条件较差,没有宿舍、菜场和医院,每走一步都很艰难。建设者们自己搭起工棚,垒起炉灶,挑水做饭,在最简陋的条件下开始了基地建设工作。

数以千计的创业者、数以亿计的建设资金,汇聚在这个小村里。施工机械的轰鸣声,打破了黄土岗地的宁静,铸造三厂的大规模建设正式开始。主体工程由湖北省工业建筑总公司承担,由于厂房高、跨度大、负荷重,又是在中等偏低膨胀土的地基上施工,工程比较复杂。1984年1月9日,二汽第二修建处完成平整土地38万立方米,相继完成通水、通电、通路。1984年春节前后,湖

---

① 襄阳市政协学习文史资料委员会. 筑梦车城[M]. 北京:中国文史出版社,2015.
② 第二汽车制造厂厂志编纂委员会办公室. 二汽大事记(1953—1984)[M]. 内部发行,1985.

北省工业建筑一公司进驻基地。经过三年多的努力（1984年5月至1987年9月），基本完成一期工程的土建安装任务，同时完成大量的生产准备工作（图4-23～图4-26）[①]。

图4-20　1984年10月，二汽襄樊基地奠基典礼1

（图片来源：湖北工建提供）

图4-21　1984年10月，二汽襄樊基地奠基典礼2

（图片来源：湖北工建提供）

---

① 东风汽车公司铸造三厂文志办公室. 铸造三厂分卷（1984—1998）[M]. 内部发行，1999.

图 4-22　1986 年成立之初的襄阳工区指挥部

（图片来源：《筑梦车城》）

图 4-23　铸造三厂鸟瞰

（图片来源：《铸造三厂分卷（1984—1998）》）

第四章　移师襄阳与改革转型

图 4-24 铸造三厂 36 米跨钢屋架车间

(图片来源:《铸造三厂分卷(1984—1998)》)

图 4-25 铸造三厂鸟瞰

(图片来源:《铸造三厂分卷(1984—1998)》)

图 4-26　铸造三厂厂容厂貌

（图片来源：《铸造三厂分卷（1984—1998）》）

  1984 年，襄阳市成立了"支持二汽轿车基地领导小组"，全力服务二汽襄阳基地建设。"七五"期间，襄阳市按照最优惠的价格为二汽提供土地 600 多亩，仅此一项为基地建设节约资金 1.4 亿元。在基地建设的 10 年间，襄阳市共为二汽减免费用、落实政策性补贴和直接投入达 2 亿元。

  1984 年 10 月，二汽襄阳基地开工建设。第二动力厂、装试厂、试车场和轻型汽车制造厂、二汽铸造三厂、柴油发动机厂、轿车装试厂、动力厂也相继竣工投产。1990 年 10 月，占地 167.6 公顷，亚洲最大、最先进的试车场——二汽试车场顺利竣工。1992 年 9 月，第二汽车制造厂更名为东风汽车公司。其中，湖北工建一公司主要负责二汽襄阳基地的东风公司襄阳发电厂以及神龙富康轿车总装厂的建设任务[①]。神龙汽车神龙公司位于中国湖北武汉，分别在武汉、襄阳两地建有武汉一厂、襄阳工厂。1995 年，神龙汽车神龙公司襄阳工厂开始建设，总占地面积达 544050 平方米，主要生产发动机、变速箱、车桥三大总成及其零部件。

---

① 襄阳市政协学习文史资料委员会. 筑梦车城［M］. 北京：中国文史出版社，2015.

在建设襄阳基地的过程中，二汽吸取十堰工厂"包建""聚宝"的经验，对襄阳基地的各个工厂采取由十堰各专业厂包建的方式进行建设，即包领导班子配备、包设计、包设备、包技术工人、包投资。在十堰各厂的大力支持下，第二动力厂、襄阳医院、生活区宿舍、食堂、小学、菜店等生活服务设施相继建设起来，掀起了轰轰烈烈建设襄阳基地的热潮。1985年6月，二汽襄阳基地第一子弟学校开工建设；1985年11月，汽车试验场奠基；1986年9月，襄阳动力厂筹建组成立；1988年5月，柴油发动机厂破土动工；1987年2月，襄阳医院成立。1987年12月，铸造三厂熔化第一炉铁炉水，在造型自动线上浇铸出第一批合格铸件[①]。

4.2.4 培养工业建设人才：湖北省工业建筑学校

湖北省工业建筑学校的创建体现了三线建设时期"教育备战"导向下的教育资源转移。这一时期的建筑教育受到"文化大革命"与第二次"教育革命"运动的影响，加上"设计为施工服务"的劳动本位思想的影响正进一步扩大，教育走上了一条联系实际的实用型发展道路。在襄阳市设立湖北省工业建筑学校，推动了教育资源空间布局的调整，促进教育资源的区域性平衡，为鄂西北地区带来宝贵的工程技术教育资源，对十堰、襄阳的城市建设发展产生了无可替代的推动作用。

（一）学校历史沿革

湖北省工业建筑学校前身为湖北省第一建筑工程局技工学校。1964年8月20日毛主席指出："沿海各省都要搬家，不仅工业交通部门，而且整个学校、科学院、设计院都要搬家。"基于中央平战结合以及加强三线建设的指示，教育部计划向三线地区迁建部分高校。湖北省工业建筑学校最初就是在这样的背景下创建起来的。

1974年4月，学校获得湖北省革委会的建校批准，由来自当时沈阳建筑工程专科学校、北京建筑机械技工学校、建筑工程部第八局八公司技术学校等支援三线建设的部分教师、工程技术人员组建而成。自办学以来，学校从培养企业职工子弟到面向社会招生，走出了湖北工建发展教育事业的特色道路，为鄂西北地区的基础建设培养了大量工程技术人才。

---

① 东风汽车集团有限公司. 致敬奋斗：史诗五十年（1969—2019）[M]. 武汉：湖北东风报业传媒有限公司，2019.

1983年，一局技校首次招收成人中专生并于翌年更名为湖北省工业建筑公司职工中等专业学校。1988年，学校开办电大教学班，形成了湖北省工业建筑总公司职工中专、技工学校、电大教学班"三位一体"的办学模式。1997年，经湖北省教育委员会和计划委员会批准，学校更名为湖北省工业建筑学校。1999年，该校开始在包括内蒙古、新疆在内的全国十九个省市和自治区招生，2005年被教育部确定为国家级重点（普通）中等职业学校（图4-27）①。

图4-27　湖北省工业建筑学校发展历程

（图片来源：湖北工建提供）

（二）推动地方教育均衡配置

湖北省工业建筑学校的建立推动了全国高等教育资源的均衡配置。三线建设之前，国家早已在20世纪50年代对全国的高校布局进行调整，目的是使高等教育建设与社会主义建设及国防建设相适应，与国民经济的发展计划相配合。全国高校布局调整的原则与方法是限制沿海和发达城市学校发展规模，均衡布置学校，避免过分集中，支持内地城市新建或扩建学校，同时高等工业学校逐步与工业基地相结合。随后，沿海地区的一些高校将部分专业、系甚至学校的部分或全部迁至内地。20世纪50年代的高校布局调整，为缩小沿海和内地城市之间教育资源配置上的差距发挥了一定的作用，是国家计划经济时期调整教育资源的探索性成果。

---

① 湖北省工业建筑学校官网，www.hbgjx.com.cn。

三线建设时期，国家实行"以条为主"的垂直管理机制，通过调令式的行政手段再次将一批高等院校从经济相对发达、教育资源相对丰富的地区迁入欠发达的三线地区。组建湖北省工业建筑学校的三大技术力量（沈阳建筑工程专科学校、北京建筑机械技工学校、建工部第八局八公司技术学校）都来自工业经济相对发达的东北和华北地区，得益于近代工业的积累以及"156项工程"时期工业项目的开展，具有丰富的工业技术教育资源。这三个学校的部分教师、工程技术人员通过艰苦创业组建的湖北省工业建筑学校，是与鄂西北地区三线建设大量工程项目落地的实际需求相适应的，同时也使得鄂西北地区具备发达城市才具有的优质工程技术教育资源。

高校迁建也促进了优质高等教育资源的进一步下沉。迁建高校克服各种困难，坚持自主建校，推进人才培养，形成了一系列高水平科研成果，产生了良好的溢出效应。[①] 20世纪50年代的高校调整主要集中于中西部的省会城市，三线建设时期的高校迁建是面向更加广阔的一般性城市，使得教育资源以省会城市为中心，散点分布下沉到周边城市，襄阳第一次有了以工程技术教育为主的高层次院校。

（三）输出地方技术人才

湖北省工业建筑学校的组建，为城市的建设与发展发挥了汇聚人才的作用。湖北工建通过企业办学校的方式，培养的毕业生对城市而言是非常重要的人力资源。这些毕业生进入当地的建设单位或者湖北工建工作，充实了城市工程建设类专门人才队伍。

三线建设调整时期，学校的主要培养对象是企业内部的职工子女。1988年，校址从枣阳迁回襄阳，迁到襄阳的新学校利用湖北工建职工医院的旧址进行扩建，新建了综合楼和教学楼，教学环境得到了改善。随着学校自身的发展和社会环境的变化，招生不再只限于总公司内部，开始面向社会、面向市场，并增设更多的专业，为学校的发展提供了更多可能性。该校的发展历程与三线建设同步进行，与创办它的湖北工建同呼吸共命运，见证了湖北工建卓越的发展成就，输出了技术人才。湖北工建创办的这所学校在三线时期的"企业办社会"中发挥了良好的示范作用，也是三线建设到改革开放调整时期，再到全面转型时期企业办教育的一个缩影。

---

① 崔一楠，徐黎. 三线建设时期高校迁建述论[J]. 宁夏社会科学，2020（4）：147-157.

4.3 湖北工建对襄阳城市发展的影响

自1972年在襄阳城西门外设置的第一个生活基地起，湖北工建便展开了对襄阳的持续建设。襄阳市是国家三线建设时期重点投资建设的城市，随着二汽十堰基地扩建的需求日益增加以及襄阳自身的区位优势，古城的发展迎来了新的机遇。二汽襄阳基地的扩建，湖北工建所承建的项目对襄阳市区及周边郊区发展做出了巨大贡献：在襄阳市建设了第一个预制构件厂，通过预制构件厂为襄阳地区诸多重大基础建设提供核心支持；同时，兴办湖北省工业建筑学校，为襄阳地区教育发展与人才培养发挥了重大作用。湖北工建为襄阳地区人口的增加、城市规模的扩张、经济的发展、教育人才的输出做出的贡献持续至今。

4.3.1 对襄阳城市空间结构的影响

襄阳的城市结构主要于三个时期产生巨大转变：第一，国家三线建设时期重点投资建设的城市，大量军工项目在襄阳市区及郊区落地兴建，对襄阳市区的发展产生了巨大影响；第二，20世纪80年代后，大批建设在深山里的军工企业通过三线调迁工程，包括二汽等陆续搬进襄阳市区，进一步对襄阳的城市格局产生影响；第三，1992年11月，经国务院批准，设立襄阳高新技术产业开发区（国家级），湖北省政府批准，襄阳设立汽车产业开发区（省级），开发区、高新区的建设，对城市空间扩张产生了巨大影响（图4-28）。

1949年后，襄阳城区面积约3.2平方千米，1969年，城市建成区面积约11.7平方千米，1978年，城市建成区扩大到17.5平方千米，1978年增长到1949年的5倍多[1]。1980年，襄阳从小城市发展成为中等城市。随后城市步入快速发展阶段，1985年，襄阳城市建成区面积达26平方千米，比1965年增长4倍有余[2]，1990年，襄阳城区面积已达到33.6平方千米，是1949年的10倍有余（表4-3、图4-29）。鄂西北也形成了以襄阳为中心，十堰为次中心，包括老河口、丹江口、谷城、南漳、宜城、枣阳、随州、神农架等城镇组成的国防科技、机械、化工、轻纺、森工、大型铁路枢纽职能为主的"襄阳城镇群"。

---

[1] 《襄樊城市规划志》，襄阳市历版城市总体规划。
[2] 陈博. 鄂豫湘西部地区三线建设遗存的建造技艺研究 [D]. 武汉：华中科技大学，2019.

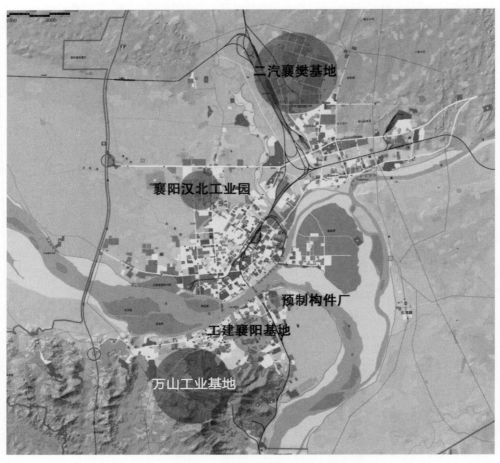

图4-28 湖北工建在襄阳的主要建设区域

(图片来源：杨素贤绘制)

表4-3 襄阳城区历年建设用地统计表

年份/年	1950	1959	1975	1978	1982	1987	1990	1995
用地城区建设/平方千米	3.2	5.5	13.9	17.5	19.5	31.29	33.6	51.69

资料来源：《襄樊城市规划志》。

（一）三线建设时期：双核心＋外围工业组团

三线建设的两次重大布局调整均使襄阳城区空间形态发生了较大改变。加快襄阳由"双子城"（襄城、樊城）成为鄂西北重要交通枢纽、工业重地的速度。

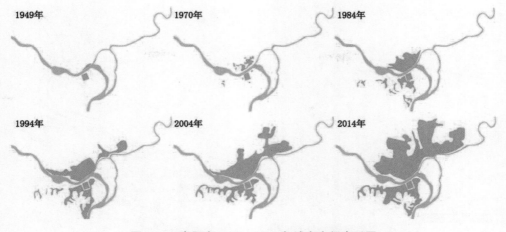

图 4-29　襄阳市 1949—2014 年城市空间变迁图

(图片来源：万涛绘制)

1960 年前后，三线建设开始之前，城市建设突出工业布局，重点建设樊北、樊西等工业区，早期的工业基础稍有起步。根据 1976 版襄樊城市规划所显示的布局，在樊城西部兴建了襄阳市最早的工业区（樊西工业区）（图 4-30），樊城的发展范围扩大，走到城墙之内，走出几千年来一直在襄城和樊城城墙内建设的第一步，城市用地范围不断增加，但城市形态一直保持着双核心（襄城和樊城）独立扩张的发展方式。襄城的建设基本限定在襄城的城墙之内，维持棋盘状空间形态不变。

1964 年，国家开始实行三线建设战略决策，1964—1970 年，几年的时间在襄阳建成工业集中区。分散、隐蔽、靠山的襄城西部岘山、虎头山等连续低丘成为三线项目极佳布点地。部分东部工厂和企业向内迁移在襄阳建设分工厂，利用襄城南部和西部的岘山等山冲作为建设用地，建设中国航空救生研究所、中国航空附件研究所、汉丹机械厂、宏伟机械厂、卫东机械厂、青山机械厂、文字六〇三印刷厂等重工业企业。城市建设范围突破襄樊二城城墙限制，三线军工企业在襄城西部山地山谷之间交错布置，多个军工企业在"两山夹一冲"的地形下利用山峰和山峰之间的山谷地段布点，最终形成了万山工业区。

1964—1978 年的三线建设时期，是襄阳城市建设大发展的时期。到 1969 年，国家先后在现在的襄阳市区及郊区、宜城、南漳、谷城、老河口等地兴建了一批军工企业。1970 年，焦枝铁路建成通车，作为中部地区南北向的主要通道，直接决定了襄阳在全国三线建设中的地位。襄阳市三线企业布局与焦枝铁路与襄渝铁路在此交会密切相关。同时它又地处鄂西山区，属于南阳平原的一

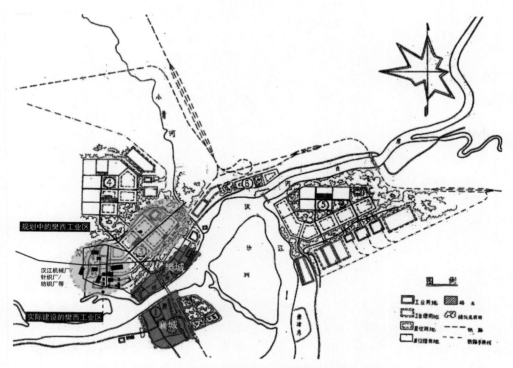

图4-30 三线建设之前襄阳樊西工业区区位
(图片来源：根据1958年版襄樊总体规划改绘)

部分，临近大山，战略地位显赫，具有适合三线建设选址布点的地缘优势。因此，当年的决策者根据三线建设的方针，经过多轮选址对比，大批军工企业布点在襄阳[①]。这一时期，大量军工项目在襄阳市区及郊区落地兴建，对襄阳市区的发展产生了巨大影响。三线建设之前，襄阳城市建设突出工业布局，建设范围在城墙内部打圈但未越过城墙限制，城市形态一直保持着双核心（襄城和樊城）独立扩张的发展方式。三线建设选址于襄阳，成为城市发展走出城墙范围的重要原因之一。

自1962年第一家军工企业在襄阳开始建设至2002年止，驻襄阳三线军工企业单位形成了航天、航空、兵器、核工业、总后、地方军工6大部类共计25家，其门类涉及轻重武器、航空、航天、电子、光学玻璃、有色金属、火药、战备物质储备、军工医院等行业。形成涉及三线员工近5万人，总资产47亿元，各类高级技术人员1800余人，高精尖设备和现代化检测设备2600台（套）的庞大

---

① 万涛. 鄂西北地区三线建设工业遗存的空间形态研究[D]. 武汉：华中科技大学，2017.

三线军工体系。襄阳不仅成为我国军工企事业单位比较集中的中心城市,后来还成为被国务院确定的三个军转民试点城市之一[①]。

同时,三线建设也带动和促进了襄阳地方工业的发展(图4-31)。随着汉丹、焦枝、襄渝铁路的相继通车,襄阳抓住国家发展三线建设的契机和交通运输畅通的有利条件,大力发展与三线建设配套的企业和以轻纺、支农工业为重点的地方工业,形成了以襄阳市区为中心,向县域延伸,沿汉丹铁路向东西两翼展开的工业带。

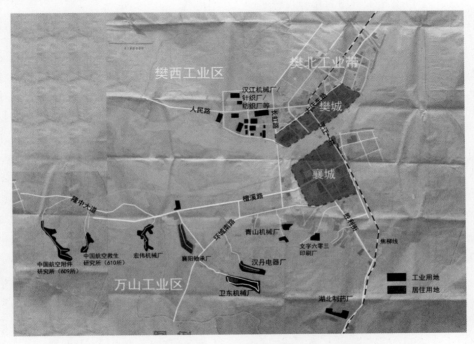

图 4-31　三线建设大规模建设结束后截至 1970 年年底襄樊城市工业布局

(图片来源:根据 1976 年版襄樊总体规划自绘)

1972 年,"102"从十堰陆续来到襄阳,在襄阳城外六个区域建基地。由于北面有汉水,东面空间有限,襄阳城外的发展向西门和南门外扩展。基地在襄城西门外建设襄阳地区的第一处住宅小区老龙堤生活小区、学校和预制构件车间。在南门外东侧建办公楼、科研所、食堂、汽车库,并在西侧填部分的护城河后建学校(湖北省工业建筑学校)、住宅楼和胜利街小区,六大区域是古城城墙外建设的第一步。因道路宽度和城门楼高度禁锢城市向外扩展,至 1974 年年

---

① 万涛. 鄂西北地区三线建设工业遗存的空间形态研究[D]. 武汉:华中科技大学,2017.

底，襄城古城门楼中仅剩北门未拆除。因修建公路、铁路两用的汉江一桥，东门第一个被拆除，南门是通向宜城、荆门至荆州的主干道，南门城楼第二个被拆除，拆除后马路改宽。北邻汉水，东边发展空间受限，湖北省第一建工局在城墙南部和西部建设基地，城门的拆除，道路系统的加宽，使襄城向古城西边和南边发展。西门外的大路直通著名的古隆中，此举拉开襄城向西发展的序幕。至此，双核心发展的格局瓦解，形成了双城＋外围工业组团的形态。

（二）改革开放时期：双核心＋组团形态

国家开始实行改革开放战略以后，计划经济体制开始向市场经济体制转变。1982年，市委、市政地方提出"依托二汽，大力发展汽车工业"的要求。1983年，襄阳县撤销，整体并入襄阳市，城市空间由111平方千米扩大到326平方千米，激增了两倍的城区面积，为后期的城市建设奠定了物质基础。随着二汽襄阳基地的建设与发展，二汽筹划在襄阳北郊油坊岗一带建厂，开辟第二基地。1983年8月21日，二汽铸造三厂在襄阳动工建设。1984年10月5日，二汽襄阳基地奠基。同期，一批从事机械加工、农机制造维修的工厂调整产品结构，开始从事汽车配件生产。如襄阳拖拉机厂更名为襄阳车桥厂，南漳机械厂更名为湖北刹车装置厂，枣阳农机修造厂更名为湖北汽车车架厂等。襄阳市区、老河口、随州、枣阳、谷城等县（市）发展了一批汽车配件企业。伴随着国家实行改革开放策略，根据"军民结合、平战结合、军品优先、以民养军"的方针，积极推动军工企业调迁和战略转移。

进入20世纪90年代后，大量三线军工企业仍在搬迁，搬入襄阳高新区，进一步扩大了城市的边界。"七五"和"八五"期间，先后有华中制药厂、建昌机器厂、航天42所、江山变速器厂、华光器材厂、东方化工厂襄阳分厂、总后3611厂、3607厂、3545厂和第七医院等14家军工企业从山沟迁入襄阳市区。进一步对襄阳的城市建设产生巨大影响。大量三线军工企业搬入襄阳西高新区，进一步扩大了城市的边界，推动了城市空间的快速增长。这与十堰不同，二汽建成后，十堰主要进行工业生产。襄阳各县市内大批三线企业急剧迁入樊城北部和东部区域，樊城建设规模迅速增加。襄城褪去作为主要建设区的角色，城市向襄城、樊城、襄州三区组团式发展形态演进。此后，城市道路系统逐步完善，城市结构不断成熟扩大，推动襄樊从中等城市向大城市发展。以二汽襄阳基地为主形成的汽车工业园等园区相继成立，襄阳逐步形成工业组团与双核心格局并立的新形态格局。

(三)开发区建设时期:"一心两翼"形态

1992年11月,经国务院批准,湖北省政府批准设立襄阳高新技术产业开发区(国家级),襄阳设立汽车产业开发区(省级)。高新区为经济区,兼有部分行政职能。襄阳高新技术产业开发区是1992年11月经国务院批准设立的国家高新区,下设"一区四园",即襄阳科技商务区和高新技术产业园、汽车工业园、湖北深圳工业园、保康工业园,辖团山、米庄两个镇和刘集、紫贞、七里河、东风四个街道办事处。2004年以后,受快速城镇化发展的带动,城市空间得到进一步发展。相对十堰市城区的分散布局不同,襄阳市在经历城郊分散布局后,在调迁过程中将企业相对集中布局到园区,形成更为连续的城市空间(图4-32、图4-33及表4-4)。

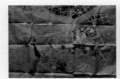

图4-32 襄阳各版城市总体规划襄城区建设范围演变

(图片来源:《襄樊市城市空间发展战略研究》)

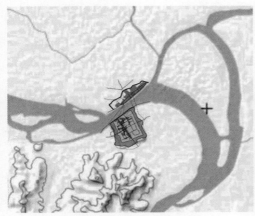

(a)三线建设之前(1964年)   (b)三线建设之中(1964—1969年)

图4-33 樊城主要街道演化

(图片来源:杨素贤绘制)

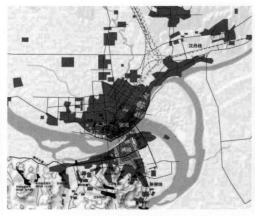
(c)三线建设调整(1969—1990年)

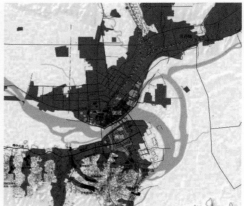
(d)三线建设结束后(1991年至今)

续图 4-33

表4-4　1996年襄阳市城市总体规划内容

总体规划	规划内容
襄阳市1956年、1958年、1960年、1965年总体规划	恢复和发展基础性工业；突出工业布局，建设樊北、樊西等工业区；襄城未作为重要建设区
襄阳市1976版总体规划	三线建设、交通枢纽形成；确定的城市性质为"全国重要的铁路交通枢纽，坚持重点发展轻化、机械工业，相应地发展其他工业的综合性城市，鄂西北的政治、经济、文化中心之一"；"双城＋外围工业组团"的城市格局
1980版总体规划	背景为改革开放时期；确定的性质为"以轻纺工业为主、电子、建材、机械等工业项目相应发展的铁路枢纽城市"；确定鱼梁洲为城市风景游乐区；提出建设汉江二桥
1988版总体规划	背景：二汽襄阳基地的建设，襄阳被列为第二批国家历史文化名城。 城市性质：国家历史文化名城，全国重要的铁路交通枢纽，工业以机械制造、轻纺为主的鄂西北中心城市。 城市规模：近期（1995年）65万人，远期（2010年）100万人。 布局：形成"双城＋组团"的城市空间结构，樊城为城市商贸、交通中心，襄城为城市政治、文化中心。建设油坊岗、余家湖、樊城西北的工业基地

续表

总体规划	规划内容
1996版总体规划	背景：国家经济发展战略重心东移，汽车、能源等产业得到快速发展。 性质：国家历史文化名城，我国中部地区的铁路交通枢纽之一，鄂豫渝陕毗邻地区的中心城市。 规模：远期（2010年）人口90万人，85.5平方千米。 布局："一心两翼"，以双城为中心，以油坊岗和余家湖为两翼，远景五城环洲的城市空间格局

《襄阳市城市总体规划（2011—2020）》的发布，其中心城区各片区空间发展策略可概括为"优化襄城、提升樊城、整合襄州片区、保护鱼梁洲、调整余家湖、开拓东津"，襄阳的城市格局即将迎来新的大变局。城市进入快速发展阶段：第二汽车制造厂襄阳生产基地、余家湖火电工程上马；建立了国家级高新技术产业开发区、汽车产业园区两大工业基地；形成了以襄城、樊城、襄州为主的组团式城市。

4.3.2 对襄阳经济产业发展的影响

（一）襄阳工业基础的奠定

湖北工建为襄阳工业基础的奠定做出了巨大的贡献。大量项目建设之后，三线企业的陆续迁入使襄阳城市规模加速扩张。同时三线企业有力的技术、人才、设施集中于此，这些工业项目强有力地带动了当地机械制造、电力、建材业、采矿冶金等行业快速发展。

三线建设时期，国家在襄阳市及邻县共投资14.7亿元，建成航空、兵器、机械、电子、纺织、建材等32个大中型项目，新增职工6.8万人，共形成新城区面积10余平方千米[①]。

三线建设在襄阳建成了以轻纺工业为主的樊西工业区，以化学工业为主的樊东工业区，以机械工业为主的万山工业区，以电子工业为主的郑家山工业区，以建材、医药化工为主的钱营工业区，以二轻、社办工业为主的周家埂工业区组成的沿汉丹铁路东西两翼工业带。

---

① 国务院三线办. 三线建设[M]. 国务院三线办，1991.

1965年，襄阳市工业产值0.48亿元，占全省工业总产值的0.9%。到1968年，国家先后在襄阳市区开办汉江机械厂、宏伟机械厂、卫东机械厂、汉丹电器厂等一批军工厂。1969年，全区工业总产值达到2.07亿元。1976年，全区工业总产值上升至9.12亿元。1977—1979年，全区工业总产值继续增长，到1978年底，全区工业总产值为12.59亿元，比1976年增长38.05%[1]。1985年，襄阳市工业产值增长至17.1亿元，占全省、全国工业产值的3.7%、0.18%，位居全省第六大工业城市，成为鄂西北豫西南地区最大工业城市。

（二）汽车产业复兴古襄阳

湖北工建建设下的东风襄阳基地所在的襄北油坊岗从一个黄土岗发展成为一座现代化的汽车新城。汽车产业基地拉动了整个襄阳的发展，改变了整个襄阳的城市文化，汽车产业成为襄阳的龙头产业，襄阳也成为中国重要的汽车及汽车零部件生产基地。襄阳也因此成为一座现代化的汽车城。

1989年始，国家开展经济环境"治理整顿"，工业经济发展趋缓。1989年、1990年、1991年，汽车工业发展较快。"七五"时期全市共完成基建、技改投入18.50亿元，其中汽车工业完成投资56亿元。二汽铸造三厂、柴油发动机厂、第二动力厂、汽车试验场以及专用铁路运输线等骨干项目相继竣工投产，二汽襄阳基地初步建成。

1990年，全市汽车工业实现产值6亿多元，占全市机械工业产值的50%以上，占全市工业产值的9%，居全省同行业第二位。汽车及零部件企业95家，其中与二汽配套供货的有45家，职工近5万人，固定资产原值6亿元，净值4亿元。初步形成了东风系列产品配套、配件、协作的生产格局。

1992年始，全市工业普遍开展以股份制为重点的企业改革。同时加快结构调整和技术改造，汽车产业获得快速发展。1993年，汽车工业产值首次超过纺织工业，成为襄阳工业第一支柱产业[2]。

2000年，全市汽车工业产值首次突破百亿元大关，达112亿元，占全市工业总产值的39.5%。以整车为龙头、以汽车总成为骨干、以零部件为依托的汽车产业发展格局逐步形成，汽车产业迅速成长为襄阳的龙头产业。2010年，全市汽车产业产值突破1000亿元大关，达1074.3亿元，占全市工业经济总量的46.7%，襄阳成为全国千亿级汽车产业城市之一。

---

[1] 湖北省襄樊市地方志编纂委员会编纂. 襄樊市志 [M]. 北京：中国城市出版社，1994.

[2] 襄阳市政协学习文史资料委员会. 筑梦车城 [M]. 北京：中国文史出版社，2015.

（三）三大工业园区的形成

1978年，中国共产党第十一届三中全会以后，襄阳工业按照中央"调整、改革、整顿、提高"的方针，积极扩大企业自主权，引进国外先进技术和设备，调整产业结构，发展轻纺工业。其间，有4批29个国有骨干企业扩大自主权，襄阳市五一棉纺厂等企业先后实施扩能改造，襄阳市印染厂等一批轻工企业相继创立。彩电、电容器、磁带等一批从国外引进的先进生产线和设备陆续装备企业，军工企业也开始面向市场生产民用品，主要工业产品的品种、产量和质量大幅度提高。

基础工业也得到快速发展。基础工业方面，从原来的轻纺工业扩展到汽车、能源、纺织、化工、通用设备制造等多个领域，还形成了以三线军工企业为基础的特色军工制造行业，高新技术开发区则配备了汽车产业园、高新技术产业园、深圳工业园三大大型园区。

4.3.3 对襄阳城市文化的影响

（一）丰富遗产类型

目前襄阳历史文化遗产保护体系从历史文化名城、历史文化街区、文物保护单位三个层面展开。依托"历史文化名城"称号下的遗产保护要素围绕"双城"空间格局、历史文化街区以及优秀历史建筑展开。

三线建设工业史是襄阳近现代工业史的一部分，应当具有重要的地位。作为塑造了襄阳城市发展设施基础与工业产业基础的三线建设，其工业遗产也当属于重要的文化遗产。三线建设改变了襄阳的工业布局，铸就了襄阳今日的城镇化水平，三线建设遗留的工业遗存是襄阳工业史、行业史、城市发展史的重要见证。三线建设时期形成了独特的建造方式和逻辑，在建筑史上也是类型走向丰富、风格走向现代的一段重要的探索期。与襄阳已有文化遗产相比，三线工业遗产代表诞生于20世纪60年代，具有特殊历史时期赋予的地域性和时代特殊性。三线建设遗存在建筑类型、建造技艺、风貌特征上形成相对统一的风格，与襄阳地区的建造风格不同。三线建设是我国社会主义建设时期一场重大的国防经济建设，为我国中西部打下坚实的近现代工业基础，为襄阳留下城市基础设施建设，相比非三线城市，著名社会学家费孝通曾说："三线建设使西南荒塞地区整整进步了50年。"三线工业遗产是襄阳工业变迁的重要见证，当属重要的遗产类型。

三线建设厂矿内的工艺流程是襄阳工业史的重要见证,厂区布局和类型不同的厂房往往是不同工艺流程的真实反映。许多围绕生产建设的厂房建筑、工业景观设施等都是三线建设工业遗产物质层面的重要组成。三线建设者们一起经历了特殊时代国家赋予的时代使命,他们的生活轨迹甚至集体记忆也是遗产的一部分,在采访中我们发现很多当年的建设者都记得共同的口号,如"下雨当流汗""刮风当电扇""献了青春献子孙""逢山开路,遇水搭桥"等,他们的集体记忆等属于非物质层面的遗产内容,记忆也是遗产的一部分。

三线建设调整改造后,三线单位面临"关、停、并、转"的局面。襄阳市区范围内三线工业遗存基本都已转产调迁,去功能后的三线工业遗存被当成城市的"累赘",在城市的发展中处于不活跃甚至滞缓的地段。这些具有多重价值的工业遗存面临着生存危机。2021年春节档电影《你好,李焕英》把电影空间载体聚焦在三线工业遗存建筑上,使三线建筑遗存的面貌呈现在了大众面前,唤起大众的集体记忆,情感纽带的牵连作用让大众开始回望历史,重新审视三线工业遗存的价值意义。根据代际公平的要求,当代人必须要为后代人"保存选择""保存质量""保存接触和使用"文化遗产的多样性,保存襄阳地区19世纪至20世纪的现代遗产并为后代人提供平行接触的权利。在致力于保护襄阳古代遗产的同时,我们同样应当"托管"好襄阳诞生于20世纪离我们最近的建筑遗产,并将它完好地交给后代人,在遗产的评定中不过分限定遗产历史年代的评定价值,在尽可能的条件下将产生于20世纪的现代遗产列入保护对象范围内。三线建设时期的工业遗存反映近代襄阳工业基础阶段的建成环境,是在国家意志下集体改造自然的重要举措,带有鲜明的时代特点,当属尚未被发掘的现当代重要文化遗产。

(二)拓展历史街区

襄阳有2800多年的建城史,自建制始终由被汉水南北分隔的襄城和樊城二城组成,1986年襄阳被列入国家历史文化名城名单内,在历史文化街区和历史文化风貌区上,现有围绕襄城、樊城内部主要交通干道所形成的东津十字街、陈老巷街区、太平店老街、定中街、友谊街、襄阳北街、影壁巷等十几处街区。

三线建设时期的街区空间组织模式与中国传统建筑空间演化诞生的模式有较大不同。三线建设有着自身的独特空间处理方式,其厂区的空间组织模式不是在发展中逐步衍化产生的,而是经过精心的选址和设计,短期内根据土地和地形条件建造的,有自己特有的空间组织方式。厂区内部功能齐全,是一个个独立的"集体空间单元"。根据历史文化街区的概念可以得出,三线历史风貌街区指那些三线工业遗存建筑分布密集、类型丰富、拥有相应的规模且能够真实完整反映和代表三线历史文化的街区。

对于整体片区风貌优越、能够代表和反映三线建设时期风貌特征、具有较强感染力的街区，可以通过设置三线工业遗产历史文化街区登录名单的方式，对工业遗存整体进行评估后列入待保护对象。

（三）建设重要建筑

湖北工建先后在襄阳承建了众多重要工程项目（图 4-34）。以襄阳新华市场、襄阳影剧院、襄阳财苑宾馆、襄阳鼓楼商场、襄阳金城大厦等为代表的商业类建筑项目；以襄阳烟草大厦、东汽公司襄阳管理部大楼、襄阳邮电通讯大楼、襄阳棉纺厂印染厂科技大楼等为代表的一批高层建筑项目；以神龙富康轿车总装厂、二汽襄阳基地铸造三厂、东风汽车总装厂、襄阳水泥厂、二汽襄阳发电厂、湖北化纤厂为代表的工业厂房类项目。这些重要建筑如今成为襄阳城市的重要节点，具有丰富的建筑艺术价值、科学技术价值、社会与文化价值。

图 4-34　胜利街住宅获奖工程

（图片来源：徐利权拍摄于 2020 年）

1. 鼓楼商场（1981 年）

每一座城市的发展史，都有属于自己的符号性记忆。从这些标志性的符号里，我们可以窥见一座城市的沧桑巨变和历史印记。在襄阳，鼓楼商场就是这样一个地标性符号（图 4-35）。它就是由湖北工建建设起来的，作为襄阳老字号的国家级大（2）型商贸企业，鼓楼商场在风起云涌的时代浪潮中砥砺前行，它的发展备受瞩目。在北街龙头，雄伟高大的昭明台前端，伫立着时尚大气的鼓楼商场。对于很多老襄阳人来说，鼓楼商场给他们留下了太多的记忆，一些人的脑海里或许还保留着儿时全家在鼓楼商场购物游玩的场景。在不少 60 后、70 后，甚至是 80 后的脑海里，还留存着拿着各种票据购买生活必需品的记忆。此外，湖北工建参与建设的其他商业建筑还包括襄阳新华市场、襄阳影剧院、襄阳财苑宾馆、金城大酒店等，均见证了湖北工建在襄阳的一段历史，为襄阳城市发展做出了重要的贡献。

图 4-35　襄阳鼓楼商场

(图片来源：郭迪明拍摄于 2003 年)

2. 湖北化纤厂

湖北化纤厂位于襄阳市樊城区太平店镇的一座小山丘上，一片红色瓦房在此静静坐落了半个世纪（图 4-36、图 4-37）。当年国家决定为十堰二汽建设配套生产轮胎的东风轮胎厂，湖北化纤厂为东风轮胎厂配套应运而生，它是我国最早的生产工业用化学纤维的大型企业。1967 年筹建，1969 年 5 月主体工程动工，历时两年半，基本建成投入试生产。建设投资 1 个亿，建成时有职工 4200 多名，彼时号称"十里化纤城"。和其他三线建设工厂一样，湖北化纤厂拥有着以下要素：大厂房、高烟囱、铁路开到厂区、红色砖瓦砌成的生活区宿舍楼、俱乐部、公园（金环公园）、子弟学校等。湖北工建作为当时鄂西地区的主要建设单位，在支援十堰建设的同时，也同步参与了其他地区的三线建设。湖北化纤厂的热电厂和长、短丝分厂就是由湖北工建承建的。此外，湖北化纤厂自备热电厂，是湖北工建承建的第一座电厂。电厂工程工艺要求严、精确度要求高、工作压力大，全体参建职工经过努力，圆满地完成了电厂的施工任务。该工程于 1978 年 11 月开工，1979 年 12 月竣工，电厂建好后，一些准备筹建电厂的单位都到该厂参观取经，取得了较好的经济效益和社会效益，从此湖北工建承建电厂的施工业务扩展到全国各地。

图 4-36　湖北化纤厂鸟瞰

（图片来源：https://www.meipian.cn/33v54nnc）

图 4-37　湖北化纤厂内生活区

（图片来源：谭刚毅拍摄于 2020 年）

3. 襄阳市烟草专卖局烟草大厦

襄阳市烟草专卖局烟草大厦建筑面积为 9094 平方米，共计 17 层，总高度为 58.4 米（图 4-38）。为了提高企业的管理水平和竞争能力，湖北工建确定该工程为创省全优工程项目。该项工程 1987 年 5 月开工，1989 年 10 月竣工，施工质量达到了一流的施工水平。经省市质检和劳动部门检查验收，襄阳市烟草专卖局烟草大厦评定为省全优样板工程。

图 4-38　襄阳市烟草大厦

（图片来源：《襄樊市志：1979—2005》）

湖北工建在襄阳承建的其他重要工程项目如图 4-39～图 4-43 所示。

图 4-39　二汽襄樊管理部大楼

（图片来源：郭迪明拍摄于 2003 年）

图 4-40 二汽襄樊金融大厦

(图片来源：郭迪明拍摄于 2003 年)

图 4-41 襄樊新华市场

(图片来源：湖北工建提供)

图 4-42　二汽襄阳基地 CKD 工厂

（图片来源：郭迪明拍摄于 2003 年）

图 4-43　二汽襄樊电厂

（图片来源：湖北工建提供）

第五章

匠筑一城到布局多地

建筑业务是湖北工建的核心产业，也是企业实力和影响力的重要体现，湖北工建始终秉持"让建筑成为精品"的使命，做有情怀、有担当的企业。在"102"红色基因的文化内核嵌入下，湖北工建自始至终与共和国同频共振。70余年来，湖北工建深度参与国家建设，始终肩负国家建筑铁军的担当和责任，积极融合国家战略，落实国家和省委重大战略部署，展现国企担当。作为国家三线建设的主力军、抗震抗疫救灾的"排头兵"、2018年国家领导人在东湖会见外宾的保障队伍；积极投身海外建设，响应"一带一路"倡议的先行者，在"传承102红色基因，激情再创业，锻造建筑铁军"的号令下，湖北工建实现了从"匠筑一城"到"布局多地"的发展。

5.1 勇担抗震抗疫重任，争当救灾冲锋手

在湖北工建70余年的发展历史中，工建人传承着军人的品质，国家和人民的需要就是号令和动力。无论是自然灾害发生后的灾后重建，还是城市公共安全方面的建设，都有湖北工建的身影。同时在精准扶贫事业上，湖北工建为对口扶贫村提供教育、产业、培训、党建于一体的帮助，既授人以鱼，又授人以渔。湖北十堰市竹山县迎丰村，在湖北工建帮助下，已整村实现脱贫。

回顾历史，从1976年7·28唐山地震，到2003年支援北京抗击"非典"，2008年5·12汶川地震，以及2020年抗击"新冠"疫情等，工建人都第一时间集结，抢救人民和财产于危难之中，充分展示了工建人特别能战斗的光荣传统，也展现了国有企业的担当。

5.1.1　1976年7·28唐山地震抗震援建

1976年7月28日，河北省唐山发生大地震，湖北工建（当时称湖北省第一建筑工程局）被国家建设委员会和湖北省革命委员会委派组织施工队伍，配备必要的设备，参加天津的抗震救灾和恢复生产建设。其中一局二公司、四公司分批调遣队伍，第一批援建人员于8月进驻天津重型机械厂、天津发电设备厂承担厂房重建任务；9月至10月，3000多名职工连同配置的施工设备，分期到达宁河县芦台镇、汉沽区参加新建工业和民用建筑的施工。12月27日，湖北省第一建筑工程局成立"支援天津抗震救灾工程指挥部"，局党委副书记王树本兼

任指挥部党委书记。1980年7月，经中共湖北省委批准，湖北省第一建筑工程局"支援天津抗震救灾工程指挥部"更名为"湖北省支援天津建设指挥部"，局党委第一书记张育才任中共湖北省支援天津建设指挥部临时委员会第一书记兼指挥长。整支队伍为唐山地震的灾后重建发挥了重要作用，1980年10月，队伍整建制组建为国家建工总局第六工程局（现"中建六局"）。

5.1.2　2008年四川汶川抗震援建

2008年5月12日，四川省汶川县发生地震，在收到湖北省政府、省国资委、省民政厅的救灾援建任务指令后，湖北工建连夜召开会议研究任务落实问题。会议决定立即成立"湖北工建集团援建四川汉源县过渡安置房现场指挥部"，带领项目工作人员乘飞机以最快的速度赶赴汉源（图5-1），接受湖北省指挥部的具体指令安排。指挥部的主要管理人员全部到位并迅速投入现场施工工作，其他人员根据施工进度要求也相继参加活动板房和水电安装施工任务。此次援建工作任务重、工期紧，安置点遍布雅安地区七县一区，分布广泛，且大部分安置点位于崇山峻岭之中，山高路险，部分安置点机动车无法到达，施工材料只能靠人背肩扛，施工条件艰苦。

图5-1　湖北工建对口援建汉源县过渡安置房

（图片来源：郭迪明拍摄于2008年）

作为与共和国一起成长的国企，湖北工建南征北战，有着艰苦创业、敢打硬仗的优良传统和过硬作风。党和政府的指示就是集团的方向。在汉源，湖北工建人以扎实顽强的精神，不畏艰辛，克服了情况不熟、高温酷暑等不利因素的影响，一进入灾区就投入战斗，掀起了重灾区灾后重建工作的高潮。随着汛期来临，大雨后不仅施工场地泥泞不堪，而且运输道路坑洼不平，但施工人员仍严格控制工程质量和进度。在两个多月的时间里，完成了1212套过渡安置房的搭建，24950套过渡安置房水电安装及外围供水、供电组团施工任务。为了确保建地震区7月3日高考和7月10日中考各考点的临时过渡安置房建设，工建人迎难而上，发扬不畏艰苦、勇于拼搏的优良作风，确保了灾区学生高考和中考的如期进行。

5.1.3 2020年新型冠状病毒肺炎疫情防疫援建

2019年底，新型冠状病毒肺炎疫情在武汉爆发，2020年1月23日，城市封控，居民居家隔离。此时，医疗资源短缺，病床数出现较大缺口，无法收治众多感染者，按照新型冠状病毒肺炎患者应收尽收的要求，国家卫健委和中央赴湖北指导组果断作出建设方舱医院的决策，方舱医院的建设在短时间内迅速解决了床位不足的问题，大大加快了病人的收治力度。自2020年2月5日武汉投用首家方舱医院收治首批患者，至3月10日武汉市16家方舱医院全部休舱，13467张病床全部空床。这些投用的方舱医院累计收治了超过1.2万名新型冠状病毒肺炎轻症患者，成为名副其实的"生命之舱"。

湖北工建党委坚决扛起疫情防控社会责任，集团党委第一时间成立了疫情防控领导小组，加强组织领导，研究部署疫情防控各项工作，并向在汉成员单位发出征集令，组建一支应急突击队，成立临时党支部。征集令发出后，不到一小时，国际工程公司、工程总承包公司、基础设施公司、安装公司、三公司、天华公司、国际经合等成员单位近百名党员主动报名响应，各单位同步做好机械、材料、防护装备等物资的储备工作。1月26日，湖北工建分别向武汉市委、市政府及省应急管理厅呈送请战书，主动请战参加各项防疫援建任务（图5-2）。

按照上级指令，2020年1月30日，湖北工建组建应急医疗物资运输队，党员、退伍军人带头上，40天向武汉和省内各医疗点运送6万余件应急医疗物资。2月1日晚，湖北工建紧急调遣200人组成的突击队参与武汉火神山医院现场支援。湖北工建主要承担医技楼、重症监护病房、4号楼的施工任务。在项目临时党支部的统一指挥下，安装公司、国际工程公司、工程总承包公司、安装事业部等单位轮番上阵，人歇工作面不歇，24小时昼夜施工，于2月4日凌晨2时完成了指定任务。任务完成后，集团又接到紧急任务，迅速前

图 5-2 湖北工建请战防疫援建任务
（图片来源：湖北工建提供）

往武汉客厅建设方舱医院。武汉客厅方舱医院用于收治感染新型冠状病毒肺炎的轻症患者，集团主要负责A区、C区床位以及配套设施的建设。2月4日凌晨，集团抽调安装公司、国际工程公司、工程总承包公司、设计院、安装事业部、三公司6家单位的人员，携带与调运水电用料及工具等物资，参与方舱医院建设。经过不间断施工，2月8日晚病人陆续入住，集团于当天10点前同步完成A区、C区部分仓库水电改造，洗漱室、淋浴间、移动厕所、集中粪污处理设施施工。

2020年2月6日上午，集团紧急调遣天华公司28人突击队赴雷神山医院支援。当夜天华公司突击队正全力以赴雷神山A区ICU区域消防管线安装的任务，指挥部又临时增派了B区走廊区域的消防广播安装任务。接到任务后，突击队立即调整人员分工，在不影响A区消防管线吊架焊接工作的同时，分兵作战，经过连夜施工，在2月7日凌晨4点圆满完成了所有指定任务。2020年2月7日，武汉市决定征用省委党校新校区为定点医疗点，用于收治新型冠状病毒肺炎轻症患者。集团作为省委党校新校区的参建单位，立即调遣工程总承包公司、天华公司、三公司、安装事业部等单位人员入场施工。在2月15日前，完成主路硬化、中间庭院绿化、道路铺装、临时板房搭设、给排水管道安装等工作。2月9日至14日，集团安装事业部、国际工程公司分别在武汉警官职业学院两个校区完成了临时隔离点的改造工作。

在湖北其他地区，工建人也同样贡献着自己的力量。为最大限度保障襄阳市新型冠状病毒肺炎患者能够"早隔离、早治疗"，湖北工建组织百余人的施工队伍，经过昼夜赶工，面对材料不好买、工人不好找的困难，集结多家子公司在襄阳的人员，寻找螺丝、水管、灯具、弯头等材料供应商。因施工时间仅有3天，来不及调用大型机械，现场几乎全靠人工，经过艰苦施工，2月7日中午，建成了有48间医学观察室、30间医务人员工作间的隔离医院。

疫情灾情就是命令，在这场没有硝烟的战争中，湖北工建干部职工勠力同心，与时间赛跑，众志成城，携手打赢许多场攻坚战，并一如既往积极响应党和国家号召与部署，积极承担社会责任，持续为人民贡献力量（图5-3、表5-1）。

图 5-3 湖北工建支援方舱建设

（图片来源：湖北工建提供）

表 5-1　湖北工建参与防控新型冠状病毒肺炎疫情医院/隔离点建设情况统计表

参建时间	医院/隔离点	床位数	集团主要参建单位	参建任务
2月1—4日	武汉火神山医院	—	国际工程公司、安装公司、工程总承包公司、安装事业部等	ICU楼楼顶屋顶施工、墙面修理、动力箱及动力电缆施工；医技楼通风系统施工，水电安装，房间电源、动力系统及照明施工；4#楼墙面修理收尾，门窗洞口收边，卫生间和走道吊顶；施工板房包边，吊顶安装，安装电线、灯、开关等
2月4—7日	武汉客厅方舱医院	1000	国际工程公司、安装公司、三公司、工程总承包公司、设计院、安装事业部	A区、C区病房、检查站及通道的电源和插座安装，方舱隔断、护士站、门楼安装，C区病房隔断、电源及插座安装施工，暖通、给排水、电气、建筑专业技术支持
2月4—6日	襄阳市东津新区发热隔离观察点	50	基础设施事业部、安装事业部	在襄阳东津区原汉十高铁项目部改造1万平方米，含2层50间隔离病房的发热隔离点，医生办公和生活区、诊疗室、物业用房、警务室等水电路改造及增设后勤生活设施
2月4—6日	襄阳市襄城区发热隔离观察点	48	基础设施事业部	改造榕庭宾馆48间房作为观察病房，含通风密闭改造、医患通道、消毒区等
2月6—8日	武汉雷神山医院	—	安装公司、国际工程公司、天华公司、安装事业部	焊接氧气管道、医技楼北区消防电气线路安装与B区走道区域消防广播线路安装

续表

参建时间	医院/隔离点	床位数	集团主要参建单位	参建任务
2月8—17日	省委党校新校区方舱医院	900	工程总承包公司、安装公司、国际工程公司、三公司、航道公司、国际经合、设计院、天华公司、安装事业部、科技公司	主干道路硬化畅通保障、室外排水排污工程、庭院内部道路保障，区域围挡廊道防护工程，大型临时停车场修建、医疗防护人员洁净区保障建设、医疗废弃物回收区，国际工程公司还支援了600吨水泥
2月9—13日	武汉警官职业学院东西湖校区隔离点	1320	安装事业部、国际经合	宿舍改造、隔断安装
2月9—14日	武汉警官职业学院汤逊湖校区隔离点	619	国际工程公司、安装公司、安装事业部、国际经合	宿舍改造、隔断安装
2月16—19日	武汉大学中南医院隔离点	2050	国际工程公司、国际经合、设计院、科技公司	4号楼1~4层，9~18层楼梯间封堵，病房隔断，大厅隔断；1号楼门厅至2号楼门卫室隔断，1~2号楼隔断，24号楼隔断，4号楼北侧与垃圾站围挡，3号楼与职工宿舍区隔断
2月18—26日	汉阳汉汽方舱	1514	国际工程公司、国际经合、安装公司、安装事业部、三公司、天华公司	汉汽厂区金工车间、试制车间改造，通风、水电、生活设施安装

续表

参建时间	医院/隔离点	床位数	集团主要参建单位	参建任务
2月17日—23日	青山楠姆方舱医院	616	国际工程公司、安装公司、国际经合、设计院	场馆通风管道安装
2月18日—22日	武汉市精神卫生中心隔离点	680	工程总承包公司、天华公司、安装公司、科技公司、国际经合、安装事业部	普通病房改造,包括各层污染区、清洁区、更衣区、洁净区、缓冲区功能分区
2月22日—3月7日	汤逊湖隔离点	1840	三公司、安装公司	B区、A区、C区病床搭建、隔断、水电安装等
—		10637	—	—

表格来源:湖北工建提供。

5.2 深耕省内市场,打造时代经典

进入21世纪,湖北工建深耕湖北省内建筑市场,紧跟湖北省委、省政府重大战略布局,高标准承建国家存储器基地项目(一期),为"中国芯、武汉造"打下坚实基础;积极参与东湖综合保税区产业园项目,为武汉东湖国家高新区建设再立新功;以长江经济带、汉江生态经济带沿线重要城市为节点布局市场,武汉、襄阳、宜昌、十堰、荆州、黄石等成为主营业务收入产出区,特别是襄阳、十堰等老基地的市场规模持续增加。

1. 武汉东湖宾馆扩建改造工程

2018年,受湖北省委省政府重托,湖北工建凭借卓越的综合实力和良好的社会声誉,承建东湖宾馆接待设施和环境整治改造工程(图5-4),以迎接国家主席习近平同印度总理莫迪举行的非正式会晤。此次改造,是近年来东湖宾馆

最大规模的一次维修改造和环境整治，不仅需要建设者具备出色的综合实力，还要具备高度的政治觉悟和可靠的责任感。中华人民共和国成立后，毛泽东主席先后48次到武汉，其中44次下榻东湖宾馆，最长的一次住了178天，累计居住时间仅次于北京。他曾诗意地称这里为"白云黄鹤的地方"，东湖宾馆也因此曾被人们称为"湖北中南海"，重大政务活动和会议均在这里举行。

在湖北省委省政府的组织下，2018年春节期间，为顺利完成这场"集团化、大协作"的大会战，湖北工建成立东湖宾馆接待设施和环境整治改造工程指挥部，由集团下属的工程总承包公司、安装公司、基础设施建设公司、设计咨询分公司、楚泰租赁公司、科技公司、钢构公司、湖北电梯厂、监理公司等抽调骨干组成。

改造工程包含建筑立面改造、室内装修改造、电气安装改造、灯光系统升级、市政道路改造、会议系统升级、园林景观提升等多项内容。根据"修旧如旧"的要求，项目部在施工中，按照确保安全、质量、进度、成本和不影响政务活动的管理要求精心组织施工。针对项目施工主体多、协调难度大、完成时间紧、任务随时变等特点。项目团队一方面配合业主方管理要求，做到令行禁止，在遇到新的问题或新的任务时，各专业公司代表在一起讨论方案，确保在专业作业面相互交叉的环境下坚持按计划时间完成施工任务；另一方面，积极合理调整工序，科学安排施工时间，通过夜间加班及增加作业面等方式，确保施工时间的连续性并提高施工效率，从而保证施工进度和工期。据统计，各专业公司每天常态进驻现场的各技术工种达到320多人，施工最高峰时，现场日夜加班加点的施工人员突破750人。

图5-4　湖北工建参与东湖宾馆改造工程

（图片来源：湖北工建提供）

续图 5-4

改造工程还有另外一项特殊性，东湖宾馆梅岭毛泽东同志故居为全国重点文物保护单位（图 5-5）。施工作业时必须格外细心，本着对历史负责的态度，项目部在施工中遵守先防护后施工的原则，自觉保护现场文物。施工前对文物都进行了妥善安置和精心保护，施工结束后，室内陈设物回原位，确保历史风貌得到保护[①]。

图 5-5　东湖宾馆内毛泽东故居

（图片来源：东湖宾馆官网，https://www.el-h.com/donghu/near.html）

---

① 向延昆，卢君晨，刘向楠．攻坚进取 东湖之畔书"华章"——湖北工建东湖宾馆改造工程施工纪实 [J]．建筑，2018（12）：59-61．

与此同时，为全面加强工程管理，还成立了项目指挥部临时党支部，围绕生产抓党建，抓好党建促生产，充分发挥党支部战斗堡垒作用和党员先锋模范作用。工建人展现出的高度政治觉悟和可靠的责任感，把各项资源效用发挥到极致，确保高标准、超标准完成这一光荣使命。更新改造成后的东湖宾馆如图 5-6 所示。

图 5-6 更新改造后的东湖宾馆

（图片来源：东湖宾馆官网，https://www.el-h.com/donghu/near.html）

2. 湖北能源调度大楼

湖北能源调度大楼地处武汉徐东内环核心，是湖北能源集中电力、煤炭、天然气、新能源等调度新建的大型超高层综合科技服务办公楼（图 5-7），承担了湖北省 1/5 的电力调度任务。该工程由湖北工建下属的国际工程公司承建，大楼共 39 层，基坑深 23 米，建筑物高 180.8 米，总建筑面积为 95576 平方米。土建工程于 2012 年 2 月 19 日开工建设，2017 年 1 月 20 日工程整体通过竣工验收。该项目自开工以来获评武汉市"2012 年度建设工程文明施工示范工地"的称号，最终建成为湖北能源本部的形象工程、质量优质工程。其项目经理孙合获得武汉市优秀项目经理的称号。

图 5-7 湖北能源调度大楼

(图片来源:湖北工建提供)

第五章 匠筑一城到布局多地

湖北能源调度大楼在申报"三合一"（国家优质工程奖、楚天杯、黄鹤杯）优质工程奖的过程中，评审专家组在湖北能源调度大楼召开了该工程"三合一"评审会，在听取能源大楼项目技术负责人孙龙关于申请优质工程奖的汇报后，专家组对大楼屋面、标准层、避难层、地下室、设备间等部位及工程资料进行了严格细致的检查，最后一致同意推荐湖北能源调度大楼工程参加 2017 年第二批国家优质工程奖申报工作，并同意授予该工程湖北省"楚天杯"、武汉市"黄鹤杯"荣誉称号。最后湖北能源调度大楼荣获"2016—2017 年度国家优质工程奖"，这也是以湖北工建作为主申报单位首次获得该项国家级荣誉奖励。

3. 湖北饭店

湖北饭店（武汉华邑酒店）位于武昌区洪山广场核心地段，雄踞湖北省府核心制高点，与湖北省人民政府办公楼正面相对，与湖北省委、省人大隔街相望，与湖北省教育厅毗邻。该工程由湖北工建下属的国际工程公司承建，总建筑面积 14.8 万平方米，其中地下 4 层、地上 24 层和 29 层双子楼框架结构（图 5-8）。工程自 2016 年 4 月 15 日启动施工，2018 年 9 月 21 日项目主体结构全面封顶。

项目顺利完成离不开每一位一线工人和管理人员的努力（图 5-9），工建人致力于对各道工序进行严格控制，期待建筑质量的尽善尽美。为了确保施工安全，从思想到行动上，湖北饭店项目部制定了相应的措施。其一，针对新进场工人和特殊工种，及时配备充足的安全防护用品，组织开展安全技术交底，从思想上提高安全意识；其二，严格实施安全巡查制度，安全总监、现场主管、安全员每天对施工现场巡查到位，发现问题立即要求整改；其三，每周按时召开安全生产相关会议，如监理例会、项目部生产例会、劳务队安全生产调度会，无不时时刻刻把安全放在首位；其四，针对持续高温天气，调整工人上下班时间，避开高温时段，11：00—15：00 明令禁止施工作业，同时为工人配备足量防暑药品，做好防暑降温后勤保障。

这一系列措施保证了施工项目安全、优质、高效地进行，让安全、优质、高效文化得到宣贯，内化于心，外化于行。"102 精神"之所以被不断称道，是因为工建人善于在实践中不断学习，不断总结经验，湖北饭店项目部还从高校邀请专业老师为全体职工进行业务授课，让经验丰富的工程师进一步得到提升。

图 5-8 湖北饭店

（图片来源：湖北工建提供）

图 5-9 参与湖北饭店施工的工建人

(图片来源：搜狐网，https://www.sohu.com/a/255256213_697544)

4. 中国三峡总公司建设管理中心大楼

入夜，宜昌峡江两岸万家灯火、五彩缤纷，宽敞明亮的江映大道旁，一栋高68米的现代化办公大楼格外耀眼，大楼塔楼上的球型标志与西陵大桥的灯光遥相辉映，将坝区的夜晚装点得绚丽多彩。它既是三峡坝区的标志性建筑，也是三峡工程的指挥中心。

1998年11月15日，由湖北工建集团承建的中国三峡总公司建设管理中心大楼（图5-10）建成，该大楼集办公、会议、信息处理、通信于一身，是三峡工程建设的通信枢纽。登高望远，可鸟瞰整个三峡坝区全景，整幢大楼风格端庄简朴，整个建筑无论从设计造型还是施工质量均一流，被提名为1998年度"鲁班奖"（国家优质工程）。

公司项目组刚进场施工时，荒凉的三峡工地地势峻峭，施工条件艰苦，遇上雨天，一脚踩上淤泥就别想拔出来。当地没有菜吃，要到宜昌市内去买，有时供应不上，干部和工人就吃咸菜。晚上没有电，伸手不见五指，大家点着蜡烛看现场。没有节假日，没有周末，没有白天黑夜的概念，更谈不上回家团聚。项目班子每天晚上都开碰头会，简明扼要地分析当天的施工情况，指出第二天可能出现的质量隐患，提醒全体人员注意，采取相应措施。

图 5-10 中国三峡总公司建设管理中心大楼
(图片来源：湖北工建提供)

树立精品意识，打出精品品牌，是项目部的一致目标。为了保证立柱、横梁成型浇筑的规范和标准，施工队果断放弃使用以往的钢模板，专门派人去湖南以较大代价购来"竹夹板"，力争创一流水平。分段施工期间，墙上挂着写有人名的小木牌，谁干的活谁必须负责到底。该工程与其他工程最大的区别是实行工程建设监理制，不同于以往的监理模式，而是全方位、全过程的全面监理。该项目部的管理者自始至终配合监理人员关注在"成本控制、质量控制和进度控制"上。上一道工序没有通过监理工程师的检查，下一道工序就不能施工，监理制度造就了职工的质量意识。

完善的质量保证体系，使质量控制贯穿于施工的全过程。第一，对直接参与施工的指挥者进行操作前技术交底，避免因指挥产生工程质量问题，并选用综合实力较强的建筑队伍进行施工。第二，对施工中的原材料、成品、半成品等实行产品质量控制,严格检查验收。第三,对施工机械设备工具等进行控制,根据不同工艺的特殊要求和技术要求,选用合适的机械设备。第四,对施工组织设计、施工方案、施工工艺、施工技术措施进行控制。

该工程通过分项到分部的质量控制,土建安装的十个分部优良率均达到100%。投入使用后,各功能系统运行正常,观测一年时间,大楼沉降仅为3毫米;地下室屋面无渗漏,为三峡工程建设调度、指挥提供了良好的办公场所,完全反映了设计目的,达到了设计要求。

5. 襄阳市文化艺术中心

襄阳市文化艺术中心是湖北省委省政府实行"一主两副"重大战略批准的襄阳东津新城建设总方案的重要项目。项目由湖北工建工程总承包公司承建,2013年7月28日开工,2021年2月1日竣工。项目位于襄阳市东津新区核心区横五路以南,纵四路以西,是东津新区十大公共服务设施之一,是襄阳市重要的公共文化服务标志性建筑,由美术馆、妇女儿童活动中心、青少年活动中心、群众文化艺术馆、地下车库组成。项目属于多层大型综合类文化场馆,占地面积43194平方米,建筑层数为地上4层,地下2层,建筑高度为23.9米,建筑面积51619平方米。襄阳市文化艺术中心是未来新城发展的文化中心,代表着东津新城的文化面貌,将是新城的群众文化娱乐中心(图5-11)。

图5-11 襄阳市文化艺术中心
(图片来源:湖北工建提供)

续图 5-11

5.3 拓展海外业务，践行"一带一路"倡议

拓展海外业务，勇当"一带一路"倡议的先行者。湖北工建是我国早期走向海外的建筑企业之一，早在 20 世纪 80 年代初，就开始进入非洲、中东、东南亚地区。经过 40 多年拓展，在"一带一路"沿线 20 多个国家和地区承建了 50 多个海外工程项目，连续多年被评为湖北省对外经济合作先进单位。2021 年，海外在建项目有 17 个，包括被誉为国家"南大门"的缅甸曼德勒缪达工业园和"北大门"的内蒙古乌力吉口岸项目，孟加拉国空军航空武器维修中心工程，印尼卡尔巴 12×100MW 能源项目，缅甸国际建材城 EPC 项目，马来西亚曼丹马中产业园，俄罗斯 MMK 钢铁 5♯烧结厂烟气脱硫工程及吸收塔本体钢结构安装工程，印尼青山钢铁发电项目，越南和发榕桔综合钢厂发电项目一期工程等项目。

随着海外市场不断拓展，湖北工建设立了印尼、越南、新加坡、缅甸、沙特、伊拉克、土耳其、巴基斯坦、孟加拉国等海外分公司，形成了较为完善的海外市场网络。所承建的海外项目大多涉及该国国计民生，对推动地区经济社会发展有着重大作用，也为彰显中国形象发挥了积极作用。

1. 土耳其阿特拉斯 2×600MW 伊斯肯德伦火电厂工程

2011 年，湖北工建承接土耳其阿特拉斯 2×600MW 伊斯肯德伦火电厂工程，并在当年 11 月份入驻土耳其东南部安塔基亚省伊斯肯德伦市附近的海湾边，在业主土耳其阿特拉斯能源有限公司的配合下开始施工，并于 2014 年 1 月竣工（图 5-12）。项目规模规模为 120000 平方米，合同金额达 3.8 亿元，工程主要涉及施工内容包括主厂房、环保设备、办公区土建工程以及设备安装工程。

图 5-12 伊斯肯德伦火电厂工程
（图片来源：湖北工建提供）

该项目 90% 的土建工程都由湖北工建承担，项目部根据工程特点合理调配施工机械，科学安排施工工序，密切配合业主、监理、设计等单位的各项工作，做好从设计到施工的密切搭接，做到工序间督检紧凑、施工衔接适宜，建立并贯彻执行工期节点控制管理方法。在项目部全体职工的努力下,伊斯肯德伦火电厂工程提前完成了目标节点,从而保证了首台机组于2014年7月28日并网发电,8月23日完成168小时满负荷试运,比合同目标工期提前了153天;第二台机组于2014年12月31日完成168小时考核试运行,比合同目标工期提前202天。经过三个月良好的商业试运行后,正式移交给业主,这标志着该项目所有建设任务已顺利完成。

土耳其阿特拉斯2×600MW伊斯肯德伦火电厂工程获得土耳其国家优质工程金质奖(图5-13)。该奖项是土耳其工程建设质量的最高荣誉,该奖也是湖北工建多年来承接海外工程获得的最高奖项,为更好承接海外工程,特别是土耳其工程,奠定了基础。本项目还荣获了2015年度电力行业优秀境外发电工程设计项目一等奖、2016年中国优质工程奖(境外)、"一带一路"火电燃煤机组示范工程2016年中国优质工程奖(境外)。湖北工建坚持"走出去"战略,积极开辟海外市场,在海外建设了许多精品工程。

图5-13　土耳其国家优质工程金质奖

(图片来源:湖北工建提供)

2. 孟加拉国吉大港水务局地下管网 W8 EPC 项目

由湖北工建在海外承接的孟加拉国吉大港水务局地下管网 W8 EPC 项目（图 5-14），于 2015 年 6 月 28 日正式开工，合同金额约 3300 万美元。该项目共铺设供水管道全长约 27.64 千米，安装各种阀门约 450 套，完成跨越河流、涵洞、铁路共约 130 处。作为当地的市政民生项目，得到了孟加拉国政府、中国大使馆经济商务参赞处以及当地人民的高度重视。项目建成完工后，惠及近 200 万的当地城市居民，为其提供了更安全、更纯净的水源，极大地改善了当地居民的用水条件，夯实城市发展基础。项目于 2019 年 8 月 4 日按合同要求顺利完工，湖北工建作为承包商获得业主方的高度赞赏，被评为优秀总包商，列入业主优质供应商库，并获得吉大港水务局颁发的"世界银行优秀竣工工程奖"（图 5-15）。

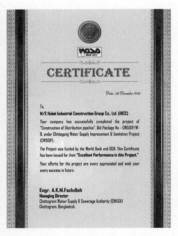

图 5-14　孟加拉国吉大港水务局地下管网 W8 EPC 项目施工现场
（图片来源：湖北工建提供）

图 5-15　项目荣获吉大港水务局颁发的"世界银行优秀竣工工程奖"
（图片来源：湖北工建提供）

3. 援建老挝人民革命青年团中央活动中心

老挝人民革命青年团中央活动中心是中国商务部对老挝政府重点援助的项目，也是湖北省地方企业在疫情期间获得的首个援外项目，具体由湖北工建承建。该项目位于老挝万象市，总建筑面积为 7000 余平方米，活动中心主体建筑主要包括禁毒展示室、阅览室、多功能厅、各类培训教室、办公室及会议室等（图 5-16）。2020 年 12 月 28 日下午，中国政府援老挝人民革命青年团中央活动中心项目奠基仪式在老挝万象市举行，项目于 2022 年 6 月顺利通过中期验收。项目的顺利进行作为拓展两国青年领域合作的具体成果，具有重大意义。

自开工以来，湖北工建严格按照设计文件及援外成套管理制度等合作文件执行，积极参与当地社会公益，贯彻集团海外事业统战安排，注重经济效益与社会效益并向发展，落实"做一个项目、播一片美名"方针，项目部多次获得业主老挝人民革命青年团中央的赞誉，树立湖北省属国有企业在海外优良形象（图5-17）。湖北工建在工程业务能力上得到了商务部的肯定与信任，也进一步提升了建设企业在工程领域的实践能力。

图 5-16　老挝人民革命青年团中央活动中心项目效果图

（图片来源：湖北工建提供）

图 5-17　老挝援建老挝人民革命青年团中央活动中心项目获得的荣誉证书

（图片来源：湖北工建提供）

4. 越南升龙 2×300MW 火力发电 A、B、F 标段主厂房项目

越南升龙 2×300MW 火力发电厂项目位于越南广宁省横菩县黎利乡，为新建 2×300MW 火力发电机组的火力发电厂及海边码头（图 5-18），是越南国家电力发展第七号规划的重点工程。2015 年 10 月，湖北工建分包参建了凯迪电力 EPC 项目，越南升龙 2×300MW 火力发电厂 A、B、F 标段主厂房建设，包括 1#、2# 主厂房，集控楼，升压站，输煤、除灰、除渣系统，锅炉、油罐区域，水处理系统及附属设施的建筑施工，钢结构、给排水、电气暖通、消防等工程。2016 年 4 月，电厂钢结构工程开始吊装。电厂工程规模大，共需 8500 吨钢构件，最重的钢柱达 29 吨，极大地增加了施工难度。此外，各种构件种类繁多，仅连接板、螺栓等零件就有几十万个，施工要求极其严格。工建人发挥电力能源领域的施工优势，整个施工过程实现了零事故、零差错记录，成为当地建设项目的标杆。该项目的两套机组分别于 2017 年 12 月 29 日和 2018 年 6 月 26 日并网发电，年发电量达 36 亿度，积大提升了当地的供电能力。至今，湖北工建凭借自身实力，与当地建立起长期稳定的合作关系，树立了中国建设企业的优良形象。

图 5-18　越南升龙火电项目建设实景图

（图片来源：湖北工建提供）

5. 伊拉克华事德4X330MW亚临界燃油（气）机组电站工程

伊拉克华事德4X330MW亚临界燃油（气）机组电站工程项目是伊拉克国家重点工程（图5-19），也是伊拉克战后最大规模的基建项目之一。项目规模约45000平方米，于2010年9月开工建设，2014年8月竣工。作为伊拉克国内最大的发电项目，并网后发电量将达到伊拉克电力产值的四分之一。湖北工建作为施工方，主要承建主厂房、锅炉结构本体、环保设备、办公区土建工程，设备安装工程等，于2010年11月21日进场，2014年10月31日退场。经过4年的不懈努力，1#、2#、3#、4#号机组于2014年3月7日完成并网发电。该工程直接缓解了伊拉克战后基础设施遭受重创，电力供应严重不足，断电现象频发的问题，满足了当前伊拉克人民的基本用电需求。

图5-19　伊拉克华事德4X330MW亚临界燃油（气）机组电站工程效果图

（图片来源：湖北工建提供）

5.4　聚焦环境能源领域，塑造地区典范

聚焦环境治理，充当"长江大保护"绿色发展战略的践行者。湖北工建整合多方资源，积极参与长江大保护建设，重点向环境保护、生态修复、水务治理等新型领域进军。近年来，承接麻城市月亮河治理、灵璧县河道整治、汉江

兴隆至汉川段航道整治工程、石首长江大桥南碾子湾航道整治、"长江大保护"（宜昌示范区）先导项目猇亭污水厂网改扩建工程等项目，成为集团高质量发展新的增长点。参与建设武钢、鄂州电厂等一大批钢厂、火电厂、水泥厂的污水处理、脱硫脱硝安装工程，为打赢蓝天碧水保卫战，建设"美丽湖北"做出积极贡献。

1. 鄂州电厂三期燃煤机组扩建工程

湖北能源集团鄂州电厂三期燃煤机组扩建工程是湖北省能源发展"十三五"期间投产的重点建设项目（图5-20、图5-21），也是"十三五"期间全省开工建设的最大电源点。投产后是全省单机容量最大、参数最高的火力发电项目，年上网电量可达95.2亿千瓦时。该项目建成投产后不仅缓解了武汉及鄂东城市圈的电力负荷需求，更改善了华中、湖北电网的调节性能和电源点布局，提高电网系统运行的经济性和稳定性。

图 5-20 鄂州电厂三期工程效果图

（图片来源：湖北工建提供）

在湖北工建下属工建学校BIM中心的积极配合下，项目组按照拟定计划组织了一次专门的技术交底，这是鄂州电厂三期工程以BIM技术为引导的全新施工模式探索试点的第一次全面亮相。通过三维效果形象将各个专业BIM模型的碰撞结果及施工方案优化通过投影进行了展现，也对在未来施工中遇到的重点和难点一一进行了剖析，并通过BIM技术直观模拟了现场施工。

图 5-21　鄂州电厂三期工程实景图

（图片来源：湖北工建提供）

　　BIM 技术相对于传统 CAD 图纸的优势首先是以三维效果的形式将施工图纸进行转换，使施工人员对施工图纸有更深入的理解，不存在歧义，能直观模拟现场施工；其次从 BIM 模型快捷导出工程量，解决了 CAD 图纸无法快速配筋算量的问题；还有碰撞检查、施工模拟、进度管理、成本管理等。

2. 广州市李坑生活垃圾焚烧发电厂

　　广州市李坑生活垃圾焚烧发电厂位于广州市白云区龙归镇永兴村李坑，距市中心 23 千米，是广州市政府为有效解决日益严重的城市生活垃圾污染，引进国际先进环保技术而建设的一项现代化生活垃圾焚烧发电工程（图 5-22）。该工程土建于 2003 年初动工，湖北工建安装公司为安装及钢结构工程的总承包单位，于 2004 年 9 月开始安装工程作业。一期工程第一条线已于 2005 年 6 月底完工，并于 7 月 6 日点火试运行达到一次性成功，每天可消化垃圾 1040 吨，发电 36 万度，为广州约 10 万家庭提供生活用电。

　　该项目除土建等基础设施建设外，关键的施工环节是垃圾焚烧设备、发电机组及其辅助设施的安装和调试。安装工程主要包括所有机电设备、电气、仪表、自控系统、管道系统、厂房相贯线网架钢结构工程、生产辅助系统的安装；全厂单机运行、分系统运行、整体运行调试等。湖北工建安装公司从 1987 年开始承揽安装地方第一个电厂开始，1989 年承建亚运村北郊供热厂，1990 年进入广东建设深圳上洞电厂，公司在全国共承揽安装了 40 余座各类型电厂工程。丰

图 5-22　广州市李坑生活垃圾焚烧发电厂

（图片来源：湖北工建提供）

富的经验保证了安装工程的顺利进行。发电机本体及附件、后磁系统设备、空气冷却系统、仪表和控制系统等全部一次性安装调试成功，取得了垃圾电厂建设这一新领域的阶段性胜利。如今该电厂已成为同类工程的样板，荣获 2009 年度"广东省市政优良样板工程""全国市政金杯示范工程"。

3. 内蒙古华云电厂

内蒙古华云新材料有限公司 3×350MW 自备热电联产项目新建总体规划 3×350MW 供热机组（图 5-23），该项目位于包头市东河区铝业产业园区内，包铝热电厂一期工程东侧，本期工程在包铝热电厂一期扩建端连续扩建三台 350MW 发电机组并与现有两台 330MW 机组工程联合为包铝电解铝基地供电。

湖北工建承建了其中Ⅰ、Ⅲ标段的土建施工任务，Ⅰ、Ⅲ标段共同组建成立了湖北工建内蒙古华云电厂项目部。项目于 2016 年 2 月 24 日，破土动工，2017 年 6 月 28 日并网发电一次成功。

工程属于老厂扩建，本期规划 3×35MW 热电联产机组。三台机组及各附属设施同时开工，工期紧，各标段之间的协调难度增大，交叉作业频繁；地下水源丰富，基坑防护工作量增大；施工场地狭小，无办公、生活、加工场布置区域，工期短，地处严寒地区，冬季施工工作量大。

项目自 2016 年 2 月 24 日破土开工以来，项目部抢抓有利时机，克服开挖冻土、场地受限等困难，以结果为导向快速推进现场施工。超前策划、狠抓资源

图 5-23 内蒙古华云电厂项目效果图

(图片来源：湖北工建提供)

落实和条件创造，保持了良好的施工节奏，在安全文明施工、质量和进度上全面引领各标段，获得了相关各方的认可和嘉奖。

4. 北京绿海能再生能源发电厂

北京绿海能再生能源发电厂是北京市重点工程、政府投资项目（图 5-24）。项目总投资 15.25 亿元，建安合同金额 4.26 亿元，占地面积为 25 公顷，建筑面积为 6.5 万平方米。该项目为目前国内先进、国际领先的垃圾发电厂，建成投产后，能够高效处理海淀区生活垃圾和厨余垃圾总计 2500 吨/日，通过发电并网实现再生能源利用。为积极拓展湖北工建在国内外垃圾焚烧发电这一新型建筑市场，本项目依业主要求和投标承诺，2012 年 7 月进场，同年 10 月正式破土动工。

本项目具有高层高、高跨度、施工难度极高"三高"特征。全厂新建建筑及构筑物共有 30 余项，由行政生活区、焚烧中心区、厨余垃圾厌氧处理区、污水处理区、炉渣填埋区以及预留垃圾预处理发展场地等主生产部分、辅助生产部分、厂前办公部分组成，总建筑面积为 65000 平方米。

图 5-24　内蒙古华云电厂项目效果图
（图片来源：湖北工建提供）

本项目的建成，既解决了城市生活垃圾的处理难题，又获得了客观的经济回报，可谓社会效益和经济效益双赢。不断增强了城市生活垃圾的处理能力，大力发展循环经济，提高资源综合利用水平，建立政府主导、全社会参与、责任明确的的城市生活垃圾处理利用与管理体系，为建设宜居城市，实现低碳可持续发展奠定坚实的社会基础。

项目部先后荣获"北京市职工之家"、北京市"安康杯"优胜单位、"北京市先进劳动集体"称号，连续两年获得"无劳资纠纷先进单位"等集体荣誉。2015年，项目部荣获"北京市先进劳动集体"，这是北京市委市政府颁发的唯一建筑施工项目，同时项目部成员荣获"北京市劳动模范"荣誉称号。

5. 引江济汉通航工程

引江济汉通航工程是南水北调工程的重要组成部分，即在长江和汉江之间的江汉平原地狭段构建一条水运捷径，能使长江、汉江中游的水运距离缩短约600千米，也为江汉平原地区的物资对外交流提供了一条方便的通道（图5-25、图5-26）。首座1000吨级高石碑船闸为引江济汉通航工程的出口船闸，位于潜江市高石碑镇，该工程由湖北工建航道公司承建。该船闸有效尺度为180m×23m×3.5m（长×宽×门槛水深），采用深井降水、大模板等新型施工工艺。该工程于 2010 年 2 月 3 日开工，2014 年 9 月 20 日完工，工程投资 15769 万元。建成后可通航 1000 吨级双排单列一顶二驳船队，通航保证率为 97%。

图 5-25　引江济汉通航工程实景图

（图片来源：湖北工建提供）

图 5-26　引江济汉通航工程船闸上引航道

（图片来源：湖北工建提供）

5.5 回顾历史，展望未来

回顾"十三五"，湖北工建企业规模快速增长，综合实力大幅提升。集团业务布局更加合理，整体经营能力持续增强。企业自身科技成果不断涌现，施工安装技术水平不断提高。湖北工建始终坚持党的领导，企业党的建设坚强有力，企业声誉得到充分彰显。不仅如此，集团还努力提高员工待遇，职工福利显著增长，员工面貌焕然一新。秉持"创造绿色生活、让建筑成为经典"的企业使命，多次刷新中国乃至世界工程建设史上的纪录。在积极参与中国工业化、城镇化、现代化建设进程中，为各地奉献了众多工程精品。湖北工建遵循"打造具有全面竞争力的集成化、国际化、专业化、信息化的现代建筑企业"的企业愿景，为社会各界提供全生命周期、全产业链、全价值链的服务，为人类创造绿色、创新、科技的生活方式，奉献更多的传世佳作，湖北工建也会在未来承担越来越多的工程项目。

当今世界正经历百年未有之大变局，新一轮科技革命和产业变革正在发生，国际环境日趋复杂，单边主义、保护主义、霸权主义有所抬头，世界经济进入持续低迷期。国际环境的不稳定性和不确定性明显增加，外经外贸、海外项目面临的风险挑战加大。新型冠状病毒肺炎疫情影响广泛深远，为对抗疫情冲击，数字经济转型成为主要手段，各行各业对于通信基础设施的要求持续升级，与数字化技术的融合进一步加深，全球加速进入全面的数字经济时代。与此同时，国内经济下行压力加大，建筑业市场产值增速放缓，区域经济和产业发展的结构性问题依旧突出，产能过剩和资源错配的矛盾依然严重，综合成本上涨、环境保护等因素对经济增长制约明显。城市群战略深入实施，"粤港澳大湾区""长江经济带"等国家战略加速推进，基建投资机会和需求不断激发。

对此，湖北工建将继续坚持改革和创新，对内转型升级、提升管理、聚合人才，对外搭建平台、兼并重组、集聚资源，立足建筑主业，积极拓展和培育围绕建造主业的投资运营业务和科技环保业务，两轮驱动主业壮大和核心竞争力提升，打造"一主两驱"发展新格局。实现全产业链战略，在进一步做大建筑施工总承包的同时，走资本经营发展之路，提高投资、融资、设计、建造、运营全产业链管理和运作能力，促进规模、质量、结构、效率、效益、安全协调发展。工建人始终坚持传承"铁军精神"和"102"红色基因，以更好应对日益复杂的国际环境与经济转型的要求，建成国家建设不可或缺的"建筑铁军"。

附 录

附表1 参与技术援建内蒙古一机厂的苏联专家、人数、专业、时间一览表

序号	专家姓名	担任职务	来厂日期	在厂工作期限
1	阿·莫·巴给多夫	总工艺师（后兼专家组长）	1956.5.18	两年
2	华·阿·阿盖耶夫	总工程师（专家组长）	1956.6.10	十个月
3	弗·巴·马斯列尼可夫	工厂设计总监督代表	1956.6.16	两年零九个月
4	安·华·聂哈洛舍娃	冲模设计师	1956.7.13	一年零一个月
5	鲍·衣·什霍夫	锻工工艺师	1956.7.16	两年
6	斯·洛·卡尔马戈洛夫	冲压工艺师	1956.7.29	两年半
7	阿·耶·舍甫琴柯	车体焊接装配工艺师	1956.7.20	三年
8	格·彼·什罗夫	非标准设备设计师	1956.7.22	两年零四个月
9	华·格·特卡秀夫	齿轮加工工艺师	1956.9.9	两年零四个月
10	维·彼·库浪诺夫	工具制造工艺师	1956.9.15	七个月
11	奥·安·纳里瓦衣柯	复杂刀具设计师	1956.9.16	两年零一个月
12	斯·阿·卡斯鸩琴柯	机床夹具设计师	1956.10.21	四个月
13	尼·彼·贝利雅耶夫	标准件加工与冷镦工艺师	1956.11.1	两年零四个
14	弗·弗·华西面也夫	机床夹具设计师	1956.11.25	一年零八个月
15	维·彼·切尔尼雅克	总装工艺师	1956.11.23	一年零四个月
16	尼·依·得渥里强斯基	钣金专家	1956.12.3	三年
17	康·阿·奥金涅茨	焊接夹具设计师	1956.12.3	一年零五个月
18	约·雅·诺瓦克	总机械师	1956.12.8	两年零五个月

续表

序号	专家姓名	担任职务	来厂日期	在厂工作期限
19	华·华·耶比方诺夫	机加工艺部件装配工艺师	1956.12.11	两年零五个月
20	维·米·萨东金	工业卫生专家	1957.3.1	一年零九个月
21	阿·谢·德斯连柯	机床夹具设计专家	1957.3.4	一年零九个月
22	鲍·巴·索伯里	热处理工艺师	1957.3.14	半年
23	尼·尼·阿尔希波夫	铸工工艺师	1957.3.25	三年
24	弗·米·斯柯特尼柯夫	工业电气工程师	1957.5.20	一年零七个月
25	安·彼·格里戈连柯	定额工程师	1957.5.23	四个月
26	米·彼·依万诺夫	标准化工程师	1957.5.28	十个月
27	鲍·弗·里希春	重型基础设计师	1957.7.13	五个月
28	雅·约·巴呼琴	工艺装置设计师	1957.9.23	两个月
29	米·依·塔尔申诺夫	总工程师顾问	1957.11.17	一年零一个月
30	古·耶·巴路耶夫	热处理工艺师	1958.2.8	七个月
31	安·依·纳扎洛夫	电焊技术指导（工长）	1958.8.10	十个月
32	弗·卡·乌霍夫	热工仪表专家	1958.8.11	一年
33	维·安·札瓦利申	冲模制造工长	1958.10.4	六个月
34	华·弗·谢列布连尼柯夫	复杂刀具制造工长	1958.4.6	一年
35	阿·阿·苏布列佐夫	总动力师	1958.5.28	一年半
36	米·里·泛音什米特	总工艺师（专家组长）	1958.6.23	一年
37	耶·米·普列巴夫金	装甲钢冶炼师	1958.7.18	两年多
38	依·彼·库列宾	工厂设计监督代表	1958.7.7	两年多
39	华·尼·维尼基克多夫	总设计师（专家组长）	1959.1.13	一年多
40	华·依·柯夫顿	炮塔装备师	1959.2.7	八个月
41	安·米·克里姆柯维基	热处理工艺师	1959.11.5	九个月
42	瓦·特·密罗什尼琴柯	锻工工长	1960.2.7	半年
43	依·彼·朱耶夫	试验工艺师	1960.5.5	三个月

续表

序号	专家姓名	担任职务	来厂日期	在厂工作期限
44	列·尼·彼立塔也夫	锻工工艺师	1960.1.4	三个月
45	德·维·米什尼约夫	16吨模锻锤安装调整工长	1960.6.12	两个月

资料来源：刘艳红.建国初期苏联专家援助包头建设研究（1954—1960）[D].呼和浩特：内蒙古大学，2016.

附表2 华建部分代表工程

序号	建设单位名称	地点	竣工时间	序号	建设单位	地点	竣工时间
1	内蒙古一机厂	青山区	1958年	20	包头一文化宫	青山区	1977年
2	内蒙古二机厂	青山区	1958年	21	包头体育场	青山区	—
3	包头第二热电厂	青山区	1966年	22	包头百货批发站	青山区	1982年
4	包头棉纺厂	青山区	1969年	23	包头生产资料站	青山区	1978年
5	包头风机厂	青山区	—	24	包头第四中学	青山区	1973年
6	包头搪瓷厂	青山区	1980年	25	包头青山公卫站	青山区	1981年
7	包头绝缘材料厂	青山区	1967年	26	包头青山武装部	青山区	1973年
8	包头轨枕厂	青山区	1980年	27	包头青山区法院	青山区	1975年
9	包头电力公司	青山区	1966年	28	包头市青山区委	青山区	1966年
10	包头房管局	青山区	1965年	29	包头1770工程	青山区	1969年
11	包头市统建办	青山区	1985年	30	青山公安分局	青山区	1980年
12	包头电力公司	青山区	1966年	31	包头新贤城车站	青山区	1973年
13	包头房管局	青山区	1965年	32	包头金融大厦	青山区	1985年
14	包头市统建办	青山区	1985年	33	包头钢铁公司	昆区	1984年
15	包头粮食局	青山区	1981年	34	包头第一热电厂	昆区	1980年
16	包头自来水公司	青山区	1985年	35	包头化工厂	昆区	1975年
17	五二研究所	青山区	1981年	36	包头一工校	青山区	1980年
18	六〇研究所	青山区	1968年	37	包头师范学院	青山区	1965年
19	包头第一研究所	青山区	1966年	38	包头市气象局	青山区	1985年

资料来源：内蒙古第二建筑工程公司修志办公室.内蒙古第二建筑工程公司志（1950—1985）[M].内蒙古第二建筑工程公司修志办公室，1988.

附表 3　"102"承建部分项目一览表

单位名称	单位驻地	职工人数/人	完成主要工程
第一工程团	十堰市红卫	2850	二汽冲模厂、底盘零件厂、钢板弹簧厂、水箱厂、标准件厂。1973年初转交四团施工
第二工程团	十堰市红卫周家沟、十堰市张湾秦家沟	2780	二汽通用铸锻厂、设备修造厂、刃量具厂、动力厂、车身厂、车架厂、总装厂。1973年初转交七团施工
第三工程团	十堰市柳林沟	2640	二汽设备制造厂、车轮厂、车厢厂、传动轴厂。1973年初转交六团施工
第四工程团（湖北省第一建筑工程局第一建筑公司）	十堰市花果	4500	二汽铸造一厂、发动机厂、化油器厂、轴瓦厂、变速箱厂；冲模厂、底盘零件厂、钢板弹簧厂、水箱厂、标准件厂、刃量具厂；十堰流芳大厦
第五工程团（湖北省第一建筑工程局第二建筑公司）	十堰市茅箭	2500	二汽木材加工厂、车桥厂、锻造厂
第六工程团（湖北省第一建筑工程局第三建筑公司）	十堰市白浪（1982年公司驻地迁至十堰市六堰沿河路）	4100	二汽铸造二厂、白浪机务段、水厂、设备制造厂、车轮厂、车厢厂、传动轴厂；二汽科技中心、二汽电厂、东风轮胎厂扩建、十堰市东风剧院、十堰市商贸大楼、金融大厦、太和医院住院部大楼、十堰市体育馆、金穗大厦、十堰市人民银行大厦等工程、光化水泥厂

续表

单位名称	单位驻地	职工人数/人	完成主要工程
第七工程团 （湖北省第一建筑 工程局 第四建筑公司）	十堰市土门	3600	东风轮胎厂；二汽通用铸锻厂、设备修造厂、刃量具厂、动力厂、车身厂、车架厂、总装厂、十堰市冷库、张湾百货大楼、六堰电影院及土门、六堰、张湾、狗培等地住宅小区
第一安装工程团	十堰市六堰	2100	承担二汽专业厂设备安装、钢构件制作安装、工程非标构件制作安装
第二安装工程团 （湖北省第一建筑 工程局 工业设备安装公司）	十堰市六堰 汉江路55号	2600	承担二汽专业厂设备安装、钢构件制作安装、工程非标构件制作安装
机械运输团 （湖北省第一建筑 工程局 机械运输公司）	十堰市六堰 汉江路	1451	承担二汽建设建筑材料设备运输、厂房和公共建筑打桩、吊装施工
土石方工程团 （湖北省第一建筑 工程局 土石方公司）	十堰市红卫	1200	承担二汽所有专业厂厂区、生活区土方工程施工；承担十堰市部分道路、建筑工程土石方工程施工
机械修配厂 （湖北省第一建筑 工程局机械 修理厂公司）	枣阳市民族路	1100	承担各施工公司机械大修、机械配件生产、混凝土搅拌机、振捣器、打夯机等小型机械制造
木材加工厂 （湖北省建委第一 建工局 木材加工厂）	十堰市花果 二郎庙	520	承担二汽建设所需木材加工、木制品制作

续表

单位名称	单位驻地	职工人数/人	完成主要工程
构件厂（湖北省建委第一建工局预制构件厂）	十堰市六堰（现六堰广场）	720	承担二汽及十堰建设工程混凝土预制构件生产
建筑科学研究所（湖北省第一建筑工程局建筑科学研究所）	十堰市六堰田沟	78	承担建筑施工技术研究、材料试验、部分建筑结构设计
材料供应处（湖北省第一建筑工程局材料供应）	十堰市三堰	240	承担工程施工所需材料设备计划、供应、调配
职工医院（湖北省第一建筑工程局职工医院）	十堰市张湾（郭家湾）大岭路21号，1982年迁至襄樊市襄城	170	承担"102"系统职工医疗服务，同时面向社会、面向当地农民提供医疗服务，建院初期110张病床

资料来源：整理自《十堰文史［第十五辑］三线建设·"102"卷》。

附表4 十堰地区主要三线建设项目现状情况统计

项目现状分类	项目名称	地域	现状
军用	总后3541厂	丹江口市丁家营镇塘沟	迁往武汉后生产区荒废
	总后3545厂	丹江口市丁家营镇	迁往襄阳后整体荒废
	总后3602厂	丹江口市浪河镇青莫村	迁往武汉后原址出租
	总后3607厂	丹江口市浪河镇	1997年迁往襄阳，2005年公司破产倒闭，原址荒废

续表

项目现状分类	项目名称	地域	现状
军用	总后3611厂	丹江口市浪河镇土门沟	总部迁往襄阳,原址部分仍在生产
	2311军用仓库(解放军第六仓库)	丹江口市丁家营镇	70年代后期被移交到3541厂,现已荒废
	2397军工医院	丹江口市丁家营镇	迁往襄阳后,部分原址出租
	解放军7031	竹山县土塘村	已荒废
民用	襄渝铁路(十堰段)	十堰	电气化及复线建设
	丹江口水利枢纽工程	丹江口	正常使用并开发为景区
	黄龙滩水电站	黄龙滩	正常使用并开发为景区
	文字605工厂	均县金岗山麓	现已荒废
二汽及其他配套服务企业	二汽传动轴厂(54厂)	十堰市上海路(旧址)	整体迁往十堰市茅箭区西坪村,原工厂车间全部拆除
	弹簧厂(46厂)、发动机厂(49厂)、热电厂(27厂)、煤气厂(28厂)、精密铸造厂(576厂)	前四个位于十堰城区,最后的位于武当山镇(老营)	搬往工业新区后,厂址闲置
	模具厂(25厂)、通用铸锻厂(20厂)、东风设备制造厂(22厂)、刃量具厂(23厂)、东风车辆工厂(原总装配厂代号43厂、车架厂代号41厂合并而成)、水箱厂(60厂)、东风轮胎厂	十堰城区	东风轮胎厂整体搬迁到工业新区,其他厂即将迁往工业新区等地

资料来源:作者根据《十堰市志(1866—2008)》整理绘制。

附表 5　二汽各专业厂位置、十堰市政工程、承建单位一览表

工程名称	工程地址	结构	建筑面积/平方米	开工时间	竣工时间	承建单位
二汽通用铸锻厂	十堰市红卫周家沟	工业厂房	31000	1967.4	1975.4	第二工程团、第七工程团
二汽设备修造厂	十堰市红卫袁家沟	工业厂房	37400	1967.5	1972.5	第二工程团、第七工程团
二汽设备制造厂	十堰市赵家沟	工业厂房	22000	1969.1	1971.1	第三工程团、第七工程团
二汽刃具厂	十堰市红卫吕家沟	工业厂房	53000	1969.5	1975.4	第二工程团、第七工程团
二汽动力厂	十堰市红卫大炉子沟	工业厂房	30000	1969.1	1975.1	第二工程团、第七工程团
二汽冲模厂	十堰市张湾寺	工业厂房	14200	1969.4	1970.12	第一工程团、第四工程团
二汽车身厂	十堰市张湾镜潭沟	工业厂房	98000	1970.9	1973.6	第二工程团、第七工程团
二汽车架厂	十堰市张湾茶树沟	工业厂房	80700	1970.3	1975.5	第二工程团、第七工程团
二汽车轮厂	十堰市六堰孟家沟口	工业厂房	41000	1970.11	1973	第三工程团、第六工程团
二汽总装配厂	十堰市三堰苟培	工业厂房	—	1970.6	1971.10	第二工程团、第六工程团
二汽总装配厂（新）	十堰市三堰苟培	工业厂房	—	1975.3	1978.9	第六工程团、第七工程团
二汽车厢厂	十堰市二堰	工业厂房	62800	1970.3	1975.12	第六工程团、第三工程团
二汽底盘零件厂	十堰市张湾龚家沟附近	工业厂房	41500	1970.7	1971.7	第一工程团、第四工程团

续表

工程名称	工程地址	结构	建筑面积/平方米	开工时间	竣工时间	承建单位
二汽钢板弹簧厂	十堰市张湾岩洞沟	工业厂房	19400	1970.9	1971.10	第一工程团、第四工程团
二汽木材加工厂	十堰市茅箭	工业厂房	26400	1970.6	1972.12	第五工程团
二汽铸造一厂	十堰市花果	工业厂房	80000	1969.9	1978.10	第四工程团
二汽发动机厂	十堰市花果	工业厂房	71900	1969.12	1972.1	第四工程团
二汽车桥厂	十堰市茅箭	工业厂房	97600	1970.2	1977	第五工程团
二汽铸造二厂	十堰市白浪	工业厂房	96100	1969.11	1978.5	第六工程团
二汽锻造厂	十堰顾家岗	工业厂房	77200	1969.6	1975.3	第五工程团
二汽传动轴厂	十堰市三堰杨家沟	工业厂房	70500	1969.7	1978.7	第三工程团、第六工程团
二汽水箱厂	十堰市张湾小周家沟	工业厂房	23000	1970.4	1972.7	第一工程团、第四工程团
二汽标准件厂	十堰市张湾大岭沟	工业厂房	72500	1970.4	1975.3	第一工程团、第四工程团
二汽化油器厂	十堰市花果花园沟	工业厂房	31000	1969.7	1973.12	第四工程团
二汽轴瓦厂	十堰市花果安沟	工业厂房	31000	1971.1	1976.1	第四工程团
二汽仪表厂（部分）	襄樊市清河口	工业厂房	18600	1970.4	1973.12	第一建筑公司、第三建筑公司

续表

工程名称	工程地址	结构	建筑面积/平方米	开工时间	竣工时间	承建单位
二汽精密铸造厂	丹江口市老营镇	工业厂房	26800	1970.6	1974.10	第三建筑公司
二汽粉末冶金厂	丹江口市三官殿	工业厂房	8864	1970.10	1974.6	第三建筑公司
二汽铸造三厂	襄樊市油坊岗	工业厂房	142800	1985	1991.12	第一建筑公司
二汽柴油发动机厂	襄樊市油坊岗	工业厂房	48193	1986	1992.1	第三建筑公司
二汽水厂	十堰市红卫何家沟	工业厂房	28700	1971.8	1974.5	第六工程团
十堰黄龙上水工程	黄龙水库——红卫水厂	构筑物	10.22千米	1974.10	1975.4	第一安装公司
二汽技术中心大楼	十堰市张湾	框架	6372	1980.1	1984.2	三公司
二汽热电厂	十堰市红卫	工业厂房	—	1981.12	1983.12	三公司、安装公司、二机电
东风轮胎厂	十堰市土门	工业厂房	—	1968.11	1993.4	第六工程团、第七工程团
二汽车厢厂高层	十堰市三堰	框架	21000	1993.3	1996.6	三公司
十堰市东风影剧院	十堰市张湾	框架	—	1987.7	1990.1	三公司
十堰市图书馆	十堰市六堰	框架	8653	1984.1	1987.1	三公司
十堰市张湾商场	十堰市张湾	—	—	1990.2	1992.5	三公司

续表

工程名称	工程地址	结构	建筑面积/平方米	开工时间	竣工时间	承建单位
商贸大厦	十堰市六堰	26层框架	19477	1990.2	1992.5	三公司
建行金城大厦	十堰市六堰	框架	32000	1994.4	1997.1	三公司
市农业银行高层	十堰市三堰	框架	15600	1995.5	1997.10	三公司
太和医院住院部大楼	十堰市三堰	框架	14430	1992.9	1996.8	三公司
太和医院济民大楼	十堰市三堰	框架	15698	1998.11	1999.9	三公司
鄂西北急救中心	十堰市十堰	框架	20600	1993.11	1996.6	三公司
市邮电宾馆	十堰市三堰	—	—	1981.9	1982.12	三公司
十堰市体育馆	十堰市六堰	框架	—	1988.1	2000.5	三公司
市人行综合楼	十堰市五堰	框架剪力墙	13628	1994.12	1997.1	三公司
市地税局1号综合楼	十堰市五堰	现浇框架	3692	1996.12	1997.10	三公司
六堰电影院	十堰市六堰	框架	—	1992.2	1994.8	三公司
市冷库	十堰市六堰	框架	—	1982.3	1983.6	三公司
五堰建行大楼	十堰市五堰	框架	—	1985.6	1987.8	三公司
张湾医院	十堰市张湾	框架	—	1995.4	1997.1	三公司
二汽体育馆	十堰市三堰	框架	6936	1993.7	1996.8	三公司
郧阳地区汽车改装厂	十堰市武当路	框架	9583	1988.6	1989.9	三公司

附录

续表

工程名称	工程地址	结构	建筑面积/平方米	开工时间	竣工时间	承建单位
市中级人民医院	十堰市五堰	结构梁柱	—	1993.1	1995.4	三公司
市电视大楼	十堰市六堰	框架	7804	1990.5	1993.5	三公司
市中行大楼	十堰市三堰	框架	4895	1976.8	1978.3	三公司
郧阳汽车改装厂	十堰市武当路	框架	9583	1980.5	1987.2	三公司
十堰市博物馆	十堰市北京路	框架	10270	2005.9	2008.2	三公司

资料来源：整理自《十堰文史［第十五辑］三线建设·"102"卷》。

备注：①二汽专业厂竣工时间为主要生产车间竣工时间，扩建及续建项目较多，完全建成要延续若干年时间；②二汽各专业厂的施工除土建公司外，安装、机运、土石方各专业公司都承担了各专业厂的施工；③承建的二汽、十堰市民用住宅未做登记；④国家建委一〇二工程指挥部数度更名，此表仅使用二汽建设时期名称。

参考文献

[1] 毛泽东. 毛泽东选集（第四卷）[M]. 北京：人民出版社，1991.
[2] 中共中央文献研究室. 建国以来重要文献选编（第二册）[M]. 北京：中央文献出版社，1992.
[3] 邹德侬. 中国现代建筑史[M]. 天津：天津科学技术出版社，2001.
[4] 李浩. 八大重点城市规划——新中国成立初期的城市规划历史研究（下卷）[M]. 北京：中国建筑工业出版社，2016.
[5] 中国城市规划学会. 五十年回眸：新中国的城市规划[M]. 北京：商务印书馆，1999.
[6] 华揽洪. 重建中国：城市规划三十年（1949—1979）[M]. 北京：生活·读书·新知三联书店，2006.
[7] CASTILLO G. Stalinist modern constructivism and the Soviet campany town [M]. Ithaca：Cornell Unviersity Press，2003.
[8] 董志凯，吴江. 新中国工业的奠基石——156项建设研究（1950—2000）[M]. 广州：广东经济出版社，2004.
[9] 郭守玉. 变迁——内蒙草原十三年[M]. 北京：中国文化出版社，2014.
[10] 《内蒙古自治区第一建筑工程公司志》编委会. 内蒙古自治区第一建筑工程公司志（1950—1984）[M]. 内部发行，1986.
[11] 内蒙古第二建筑工程公司修志办公室. 内蒙古第二建筑工程公司志（1950—1985）[M]. 内部发行，1986.
[12] 国务院三线办. 三线建设[M]. 国务院三线办，1991.
[13] 陈东林. 中国共产党与三线建设[M]. 北京：中共党史出版社，2013.
[14] 陈夕. 中国共产党与三线建设[M]. 北京：中共党史出版社，2014.
[15] 郭守玉. 变迁——武当山下十三秋[M]. 北京：中国文化出版社，2014.
[16] 张国钧. 奉献与生存[M]. 香港：大众出版社，2018.

[17] 中国人民政治协商会议，湖北省十堰市委员会文史和学习委员会. 十堰文史［第十五辑］三线建设·"102卷"（上）［M］. 武汉：长江出版社，2016.

[18] 中国人民政治协商会议，湖北省十堰市委员会文史和学习委员会. 十堰文史［第十四辑］：三线建设·二汽卷（上）［M］. 武汉：长江出版社，2015.

[19] 十堰市地方志编纂委员会. 十堰市志（1866—2008）［M］. 北京：中国文史出版社，2014.

[20] 钱运录. 当代中国的湖北（上）［M］. 北京：当代中国出版社，1991.

[21] 第二汽车制造厂厂志编纂委员会办公室. 二汽大事记（1953—1984）［M］. 内部发行，1985.

[22] 东风汽车公司铸造三厂文志办公室. 铸造三厂分卷（1984—1998）［M］. 内部发行，1999.

[23] 东风汽车集团有限公司. 致敬奋斗：史诗五十年（1969—2019）［M］. 武汉：湖北东风报业传媒有限公司，2019.

[24] 襄阳市党史和地方志办公室. 中国共产党襄阳历史·第二卷（1949—1978）［M］. 北京：中共党史出版社，2016.

[25] 襄阳市政协学习文史资料委员会. 筑梦车城［M］. 北京：中国文史出版社，2015.

[26] 湖北省襄樊市地方志编纂委员会编纂. 襄樊市志［M］. 北京：中国城市出版社，1994.

[27] 襄阳市地方志编纂委员会. 襄樊市志：1979—2005［M］. 北京：方志出版社，2015.

[28] 郭迪明. 踏歌远行-湖北工建企业文化发展史话［M］. 内部发行，2021.

[29] 胡伟，陈竹. 156项工程：中国工业化的起点与当代启示［J］. 工业经济论坛，2018，5（3）：23-37.

[30] 何一民，周明长. 156项工程与新中国工业城市发展（1949—1957年）［J］. 当代中国史研究，2007，14（2）：70-77.

[31] 李彤. "一五"时期156项工程研究现状与思考［J］. 北京党史，2018（03）：47-53.

[32] 刘艳红. 建国初期苏联专家援助包头建设研究（1954—1960）［D］. 呼和浩特：内蒙古大学，2016.

[33] 邱成岭. 苏联援建包头钢铁基地史略［D］. 呼和浩特：内蒙古大学，2004.

[34] 刘玥. 20世纪50—60年代苏联援建内蒙古研究 [D]. 呼和浩特：内蒙古师范大学，2020.

[35] 魏栋. 包头工业遗产保护与更新研究 [D]. 北京：中央美术学院，2018.

[36] 乐拓，谢凡. 旧情难忘——陪同苏联专家参加内蒙古自治区成立10周年纪念活动回忆 [J]. 档案与社会，2007（2）：18-20.

[37] 侯丽. 社会主义、计划经济与现代主义城市乌托邦——对20世纪上半叶苏联的建筑与城市规划历史的反思 [J]. 城市规划学刊，2008（1）：102-110.

[38] LI H. Building for oil: daqing and the formation of the Chinese Socialist State [M]. Cambridge, Massachusetts: Harvard Asia Center Publication Programs, Harvard University Press, 2018.

[39] 彭秀涛. 中国现代新兴工业城市规划的历史研究 [D]. 武汉：武汉理工大学，2006.

[40] 左文韬. 包头市工业发展对城市形态的影响（1953—2016）[D]. 包头：内蒙古科技大学，2020.

[41] ［美］柯尚哲. "Mao's Backwater War Machine: The Cold War, Industrial Modernity, and Everyday Life in China's Third Front, 1964-1990". PhD diss., University of Chicago. 2015.

[42] 关云平. 中国汽车工业的早期发展（1920—1978年）[D]. 武汉：华中师范大学，2014.

[43] 朱碧瑶. 历史制度主义视角下"三线城市"的治理转型及空间响应 [D]. 南京：南京大学，2017.

[44] 孙应丹. 中国三线城市形成发展及其规划建设研究 [D]. 武汉：武汉理工大学，2010.

[45] 陈仲阳. "大院"与集体认同的建构 [D]. 南京：南京大学，2019.

[46] 刘思瑶. 单位变迁中"三线家属工"身份认同的社会建构研究 [D]. 长春：吉林大学，2018.

[47] 周苗. 新中国成立后集体住宅的空间形态研究（1949—1978）[D]. 武汉：华中科技大学，2020.

[48] 陈博. 鄂豫湘西部地区三线建设遗存的建造技艺研究 [D]. 武汉：华中科技大学，2019.

[49] 万涛. 鄂西北地区三线建设工业遗存的空间形态研究 [D]. 武汉：华中科技大学，2017.

[50] 何盛强. 基于工业考古学的十堰市城市形态演变研究 [D]. 武汉：华中科技大学，2021.

[51] 向延昆，卢君晨. 不忘初心寻根溯源 牢记使命再踏征程——湖北工建集团开展包头寻根活动 [J]. 建筑，2018（18）：63-64.

[52] 黄立，李百浩，孙应丹. 范型转变临界点下的"三线城市"建设规划实践 [J]. 城市规划学刊，2013（1）：97-103.

[53] 李学诗. 二汽选址历时十四年 [J]. 武汉文史资料，2010（4）：41-47.

[54] 李延彭. 二汽建厂选址的回忆 [J]. 武汉文史资料，2016（12）：22-26.

[55] TAN G Y, GAO Y Z, XUE C Q L, et al. 'Third Front' construction in china: planning the industrial towns during the Cold War (1960—1980) [J]. Planning Perspectives, 2021, 36 (6): 1149-1171.

[56] 段娟. 从均衡到协调：新中国区域经济发展战略演进的历史考察 [J]. 兰州商学院学报，2010，26（6）：1-8.

[57] 陈伯达. 在毛泽东同志的旗帜下 [J]. 红旗，1958（4）：1-12.

[58] 徐利权，谭刚毅，高亦卓. 三线建设的规划布局模式及其比较研究 [J]. 宁夏社会科学，2020（2）：151-158.

[59] 徐利权，谭刚毅，万涛. 鄂西北三线建设规划布局及其遗存价值研究 [J]. 西部人居环境学刊，2020，35（5）：109-116.

[60] 吴庆时. 第二汽车制造厂的规划与实践初探 [J]. 二汽科技，1982（6）：11-27.

[61] 刘伯英. 工业建筑遗产保护发展综述 [J]. 建筑学报，2012，1（1）：12-17.

[62] 谭刚毅，高亦卓，徐利权. 基于工业考古学的三线建设遗产研究 [J]. 时代建筑2019，（6）：44-51.

[63] 徐有威，陈熙. 三线建设对中国工业经济及城市化的影响 [J]. 当代中国史研究，2015，22（4）：81-92.

[64] 张勇. 介于城乡之间的单位社会：三线建设企业性质探析 [J]. 江西社会科学，2015（10）：26-31.

[65] 谭刚毅. 中国集体形制及其建成环境与空间意志探隐 [J]. 新建筑，2018（5）：12-18.

后 记

　　一批批建设者们创造出一个时代的奇迹，一个个支援祖国建设的热血儿女用汗水谱写一曲青春之歌。回顾湖北工建走过的70年风雨历程，是一代代工建人艰苦创业、勇于创新精神的真实写照。70年来，湖北工建作为建筑施工企业的代表，一直深度参与国家建设，为国家发展建设做出了不可或缺的贡献，并在多维度助力城市变迁发展的过程中见证祖国的辉煌成就。回首往昔，老一辈湖北工建人靠着战天斗地的拼搏精神，战胜了一个又一个的艰难险阻，创造了一个又一个建筑史上的伟大奇迹。梳理湖北工建的历史脉络：国家"156项工程"的响应者，"三线"建设的主力军，7·28唐山地震和5·12汶川地震抗震救灾的"排头兵"，2018国家领导人在东湖会见外宾的保障队伍，积极投身海外建设，响应"一带一路"倡议的先行者。作为从军队脱胎而生的企业，湖北工建始终保持着上下级一致，令行禁止的军事化管理模式。员工们秉承着一切以党、国家和人们的利益为重的主人翁精神。无论是在包头创下"华建铁军"的称号，还是在十堰山沟沟建汽车城创下了"102"金字招牌……都是企业的红色基因所致。前事不忘，后事之师。在新的起点，认真回顾集团70年的发展历程，总结思考70年的经验教训，从中吸取智慧和能量，更好地迎接挑战，谋求新发展。

　　回顾与梳理湖北工业70年的变迁历程，总结建设企业在各个时段的责任与成就，可以勾勒出国家建筑行业发展演进的脉络，一窥中国建筑范式转型。类似以湖北工建为代表的建筑企业，同样为中华人民共和国城市建设与中国建筑范式演变产生深远影响。如列斐伏尔所言："真正的社会变革，必定会在日常生活、语言和空间中体现出它具有创造力的影响。"本书通过对建设亲历者进行口述访谈，建立相关建设企业的企业史以及建造工人群体为分类的人物史研究。工建人响应国家号召，始终出现在国家最需要的地方，为祖国建设与发展挥洒了自己青春的热血与汗水。当年用血汗和智慧铸就的"攻坚克难，开拓进取，对党忠诚，为国奉献"的"102精神"，至今依然激励他们开拓前行，不断取得一项又一项骄人业绩。国防、机械、电力、钢铁、化工、建材等众多的工业基地在工建人的艰苦奋斗中拔地而起，工建人时刻铭记作为国家建筑铁军的担当和责任，始终在困难面前不气馁，在挑战面前不服输，不畏发展瓶颈，勇于冲击技术高峰，充满持续向前的力量，为中国的经济建设做出了不可估量的贡献。

世易时移，沧海桑田。当今世界格局，正经历百年未有之大变局。走过70余年光辉岁月的中华人民共和国，将以更加从容的节奏阔步向前，以更加开放的胸怀拥抱世界，续写中华民族伟大复兴的光辉篇章。新时期一个集中统一、运转高效、资源共享、开放合作、文化自信的综合型企业集团正在形成，湖北工建在70年的发展实践中，坚持传承创新，彰显企业责任，引领未来发展，正成为我国建筑国企改革的弄潮儿。工建人怀着与企业共进退、共荣辱的历史担当，勇于在企业转型升级和高质量发展中展现作为的责任使命，时刻怀揣"不进则退、慢进更退"的危机意识，攻坚拼搏，担当奋进，不断彰显新时代的新气象，成为党和人民信赖的"建筑铁军"。70年，天翻地覆慨而慷！面向未来，湖北工建必将以永不懈怠的精神状态和一往无前的奋斗姿态，扛起新担当、展现新作为、做好新答卷，继续打造成国家需要的建筑铁军。

丛书由谭刚毅、徐利权负责组织调研、总体构架、组织编写、统稿修改。其中《城市印迹——湖北工建70年建设实践及其对地区的影响》主要聚焦建筑企业在不同城市间的变迁轨迹及其影响研究，具体章节编写工作如下：第一章"建设企业70年变迁"由徐利权、高亦卓负责撰写，第二章"'156项工程'与扎根包头"由耿旭初、吕洁蕊、马小凤负责撰写，第三章"三线建设与拓荒十堰"由高亦卓、何盛强、曹筱袤负责撰写，第四章"移师襄阳与改革转型"由高亦卓、耿旭初、杨素贤、何盛强负责撰写，第五章"匠筑一城到布局多地"由高亦卓、陈占祥负责撰写。本书的篇章结构、主体内容、修改完善以及前言与后记由徐利权负责。参与本书调研与资料收集、整理工作的除上述人员外还包括刘久明、徐旭、方卿、陈国栋、刘则栋、王丹、李登殿、黄丽妍、林溪瑶、杨轶、王欣怡、陈欣、吴守亿、刘诗雯等师生。

本书的完成，离不开湖北省工业建筑集团有限公司给予的大力支持与帮助，湖北工建多次协助团队奔赴天津、包头、十堰、襄阳等地完成调研，多次协助联系湖北工建的老前辈们开展访谈，多次组织会议交换丛书编写建议。可以说无论是在资料收集、现场调研、口述访谈等方面，还是在丛书立意研讨、框架搭建、审核校对以及出版传播等领域，湖北工建都提供了诸多"线上"及"线下"的帮助。此外，还要感谢湖北工建兄弟单位——内蒙古第三电力建设工程有限责任公司在包头调研过程中给予的大力支持。同时感谢华中科技大学出版社给予的全方位协助。衷心感谢在丛书调研、资料收集、撰写出版过程中给予帮助的所有单位和个人。

本书的出版得到国家自然科学基金"我国中部地区三线建设的建成环境及其意义的表达与遗产价值研究"（项目批准号：51778252）、国家自然科学基金"基于'人—物—法'关联的我国三线建设的现代建筑营建与现代性嵌入研究"（项目批准号：52278018）、教育部人文社科青年基金"多维视角下三线建设规划建设史研究：以鄂西地区为例"（项目批准号：20YJCZH192）的资助，特此鸣谢。

回顾撰写过程，仍有不足与遗憾之处，不同时期相关历史资料和工程档案的收集与整理实属不易，一手素材的获取较为难得。鉴于经验和历史资料短缺所限，本书难免出现纰漏和不当之处，敬请不吝赐教。

徐利权
2022 年 9 月于武汉